不留遗憾

协和专家
教你科学胎教

马良坤 编著

中国轻工业出版社

图书在版编目（CIP）数据

不留遗憾协和专家教你科学胎教 / 马良坤编著. — 北京：中国轻工业出版社，2018.8
ISBN 978-7-5184-1894-7

Ⅰ. ①不… Ⅱ. ①马… Ⅲ. ①胎教－基本知识
Ⅳ. ① G610.8

中国版本图书馆 CIP 数据核字（2018）第 043584 号

责任编辑：侯满茹
策划编辑：翟　燕　侯满茹　　责任终审：张乃柬　　封面设计：奇文云海
全案制作：悦然文化　　责任校对：晋　洁　　责任监印：张京华

出版发行：中国轻工业出版社（北京东长安街 6 号，邮编：100740）
印　　刷：北京瑞禾彩色印刷有限公司
经　　销：各地新华书店
版　　次：2018 年 8 月第 1 版第 1 次印刷
开　　本：720×1000　1/16　印张：15
字　　数：280 千字
书　　号：ISBN 978-7-5184-1894-7　定价：49.80 元
邮购电话：010-65241695
发行电话：010-85119835　传真：85113293
网　　址：http://www.chlip.com.cn
Email：club@chlip.com.cn
如发现图书残缺请与我社邮购联系调换
170162S3X101ZBW

前言

怀孕十月，你和胎宝宝同呼吸、共命运。孕妈妈的心情，胎宝宝一直感同身受。胎宝宝会笑、会哭、会听、会看、喜欢做运动、有记忆……“十月胎教胜过十年教育”，准爸妈们通过有规律地对胎宝宝进行良性刺激，可促使胎宝宝大脑得到正向发育，为优生创造条件。

胎教从什么时候开始？怎么做？有什么素材？有什么方法？准爸爸需要做什么？做过胎教的过来人和没做过胎教的过来人，有什么经验体会？有哪些遗憾能提前避免？

这些都是本书要解决的问题。本书从情绪胎教、音乐胎教、营养胎教、美育胎教、阅读胎教等几个方面，介绍了最贴心实用的胎教素材。让准爸妈通过胎教建立起他们和胎宝宝沟通的桥梁。

本书的主旨是通过各种形式的胎教来给宝宝传递父母的爱——爱是最好的胎教。

马良坤

编辑手记

我是此书的编辑，也是一名3岁女孩的妈妈。在怀孕期间，我没有刻意进行胎教，看过书稿后觉得遗憾不已。不过没关系，希望更多正在怀孕或者准备怀孕的准爸妈们可以看到这本书，不要在胎教方面留下遗憾！胎教，给孕妈妈一个轻松的环境，轻松度过这段特殊的时期，也让胎宝宝在未出生之前就和父母有了感情交流——想想真美妙啊。

为什么要以“不留遗憾”这个主题来策划这套图书呢？因为如我一样，有很多“过来人”在怀孕期间及刚刚当父母之时没有注意一些科学、实用的孕产育儿知识，留下这样那样的遗憾。当了妈妈之后，对孕妈妈以及初为父母者的心情特别能感同身受，很想把自己的经验教训分享给“后来人”，于是，就有了我们这套“孕产育儿不留遗憾”系列图书，真心希望能让准爸妈及新手爸妈们少留遗憾。

在策划这套书的过程中，我们通过多种方式收集了大量“过来人”在备孕、怀孕、育儿方面留下的各种遗憾，还搜索了众多准爸妈和新手爸妈们想要了解的问题。针对这些调查，我们做了层层筛选，选择的这些遗憾和关注点都是准爸妈和新手爸妈最关心的。我们联系了知名的妇产科专家、营养专家、儿科专家对这些大家非常关注的点进行了系统回答、整理，希望能给读者朋友带来详细、靠谱又实用性很强的内容。同时我自己也是一名妈妈，对孕妈妈或新妈妈的很多问题都非常有共鸣，在编辑的时候格外用心、用情，特别不想让大家再留遗憾了！

最后，衷心祝愿小宝贝们都能健康成长！

侯满茹

目录
CONTENTS

完美胎教，为孩子的一生打下好基础

孕早期，传递期许和爱

孕1月 了解胎教

孕中期，建立亲密的亲子关系

孕晚期，让胎宝宝拥有丰富的情感

完美胎教，为孩子的一生打下好基础

不该留下遗憾的事儿

好遗憾呀

以为胎宝宝什么都不明白，没做胎教

宝妈： 我怀孕的时候最关心的就是吃什么最有营养，没有想过做任何形式的胎教，总以为胎宝宝在出生前身体器官都没发育完全，怎么可能感知到呢？但我的好朋友孕期坚持跟胎儿说话、读诗，孩子现在 3 岁，具有高于一般孩子的沟通理解能力。

不留遗憾

其实胎宝宝什么都懂

马大夫： 很多人以为胎宝宝什么都不懂，其实恰恰相反，胎儿期是心灵感应最强的时期，能感受到孕妈妈的情绪。如果爸爸妈妈一直与胎宝宝保持心灵相通，有助于建立孩子的安全感，出生后的宝宝大多社交能力强。

胎教形式很单一

好遗憾呀

宝妈：我怀孕的时候经常抚摸肚子，时不时和宝宝聊聊天，经常散散步。但一直很纠结的是，没有像其他妈妈那样进行绘画、手工等形式的胎教，我本身并不擅长这些。

选择适合自己的胎教

不留遗憾

马大夫：胎教的方式有很多，不同种类的胎教会发挥不同的作用。胎教的目的是让孕妈妈放松身心，孕妈妈精神好、心情佳，胎宝宝自然也能感受得到妈妈喜悦的情绪。如果过于强调形式，甚至造成负担，那就不好了。所以孕妈妈可以根据自己的兴趣爱好，结合自己的时间，选择适合自己的胎教形式。

强迫自己听莫扎特

好遗憾呀

宝妈：我怀孕的时候身边的人都推荐听莫扎特的音乐，其实我不太喜欢，但是都说对于胎宝宝发育好，所以我就耐着性子听了整个孕期，每次至少听 10 分钟，感觉好累。

任何胎教形式都要能愉悦自己

不留遗憾

马大夫：胎教的目的是让孕妈妈感觉到开心、放松和愉悦，在这种情绪之中传递给胎宝宝的才是平和、温暖。如果孕妈妈自己都不喜欢某些事物，硬着头皮去做，那是不利于胎教的。所以孕妈妈首先要选择自己喜欢的音乐，尤其以平静、优美、平和的音乐为佳，同时要注意，不管听什么音乐，一旦感觉到厌烦就不要继续听下去了。

任何时候想做胎教就做

好遗憾呀

宝妈：我在孕期的时候坚持做胎教了。但我是上班族，并没有安排专门的胎教时间，而是想起来做就做了，有时候是工作间隙，有时候是在上下班的路上。

胎教尽量避开胎宝宝睡眠时间

不留遗憾

马大夫：胎宝宝的大部分时间是在睡眠中度过的，胎教要尽量避开胎宝宝的睡眠时间。孕妈妈要逐渐掌握他的活动规律，在每天固定的时段进行，这样有利于让胎宝宝养成规律的生活习惯。另外，做胎教的时候，孕妈妈要非常用心、专心，这样能让胎宝宝更好地接受胎教，也有利于亲子关系的建立。

胎教能给胎宝宝更好的孕育环境

胎教并没有一个明确和统一的定义，其实就是为了促进胎宝宝健康发育，根据胎宝宝各感觉器官发育的实际情况，孕妈妈采取的精神、饮食、运动、阅读、音乐等各方面的保健措施。

如果女性在怀孕前和怀孕期间将身体的各个部位都调整到最佳状态，那么孕妈妈和胎宝宝之间在身体上、激素水平上、感应上相互作用，对胎宝宝一生的身心健康都有正面影响。

胎教其实是要完成这样一件事儿：让孕妈妈保持最佳的身心状态，给胎宝宝提供好的孕育环境，让胎宝宝住得舒服，汲取足够营养，健康发育。

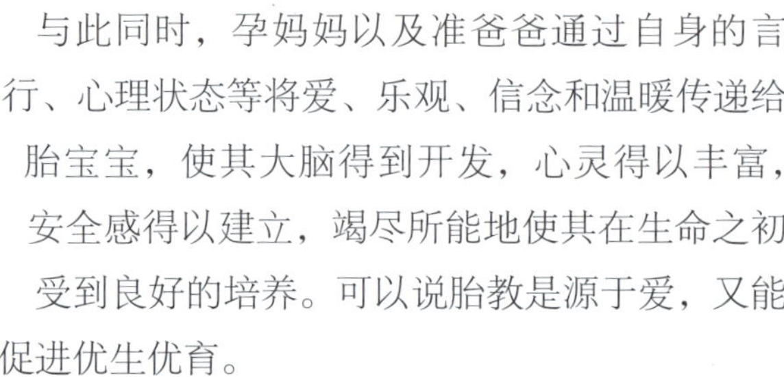

与此同时，孕妈妈以及准爸爸通过自身的言行、心理状态等将爱、乐观、信念和温暖传递给胎宝宝，使其大脑得到开发，心灵得以丰富，安全感得以建立，竭尽所能地使其在生命之初受到良好的培养。可以说胎教是源于爱，又能促进优生优育。

时刻给胎宝宝传递爱

胎教是孕妈妈和未见面的胎宝宝之间爱的沟通。当孕妈妈自身处于放松状态时，大脑会分泌一种健康的激素，这种激素能够通过胎盘传递给胎宝宝。用爱心培育的胎儿，出生后更容易成为内心强大的人。宝宝出生后，这种爱依然会留存在双方的记忆里，长久地影响母子关系，并对宝宝性格的形成有积极的作用。

胎教关系宝宝的大脑、身体和性格发育

胎教其实是早期教育的起点，没有什么能取代胎儿时期对人一生的健康所起到的作用。有研究表明，胎儿天生具备学习的能力，而且人的很多能力就是从胎儿期开始的。

胎教有利于胎宝宝大脑发育

均衡的饮食是贯穿整个孕期的一个非常重要的胎教内容，而合理的营养对胎宝宝的大脑发育和全身发育有重要的作用。比如在胎宝宝大脑发育的高峰阶段给予充足的DHA、卵磷脂等，对其智力和身体发育都有益。而且，调查显示，人类的智力有48%受遗传因素的影响，剩余52%与宫内环境有关。这就说明，进行有效的胎教可以促进宝宝聪明又健康。

经过胎教的胎宝宝，出生后往往具备这些性格特点。

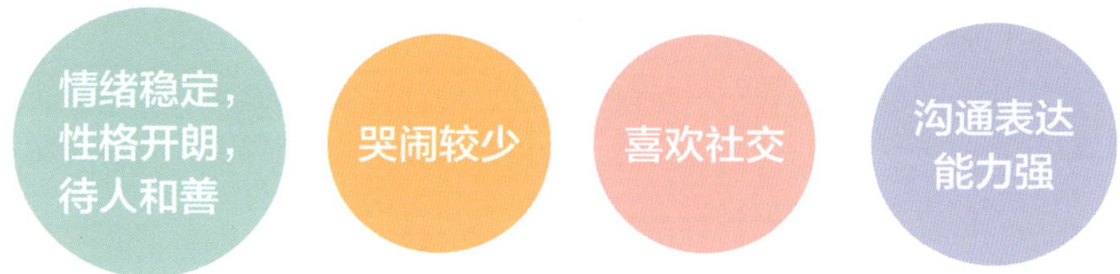

胎教让胎宝宝身心健康

胎教在一定程度上决定着宝宝出生后的健康状态，因为胎宝宝在子宫环境内和妈妈是“同甘共苦”的。孕妈妈所具备的健康和营养条件是胎宝宝赖以生存的发育基础，甚至孩子一生的体质都受到胎内环境的影响。所以，孕妈妈的健康是对胎宝宝的最好胎教，让胎宝宝通过与妈妈的交流获得良好感应，有利于胎宝宝身心健康。

胎教能让孩子拥有丰富的情感

研究表明，接受过胎教的宝宝出生后性格活泼，喜欢与人接触；与未接受过胎教的宝宝相比，他们学会笑较早，语言的理解能力也较强，喜欢与人互动；情绪较稳定，容易安慰，适应环境能力强，很少无故哭闹；容易养成规律良好的生活习惯。

胎教能丰富孕期生活

胎教会从孕妈妈的饮食习惯、生活习惯、心理状态、兴趣爱好等方方面面进行。在进行这些活动的时候，孕妈妈自身也会获得很多益处，比如良好生活习惯的建立会让自己受益一生。

提高孕妈妈的自身修养

通过胎教，胎宝宝会受到孕妈妈言行的影响，依据母体的生活习惯形成自己的习惯。这就要求孕妈妈在认知、修养、爱好等方面都要注意，好给胎宝宝树立良好的榜样。我们都知道，每一个人都有不同的生活习惯，养成好习惯使人随时受益，胎教会有助于孕妈妈养成良好的生活习惯，使孕妈妈成为一位知识丰富、品格高尚的人。

减轻孕期不适

怀孕后，孕妈妈身材会发胖，高跟鞋、口红等化妆品要束之高阁，业余生活也要以胎宝宝为核心来安排，想想不免单调。但丰富多样的胎教形式，恰好可以分散注意力，又让人感觉充实，还对减轻妊娠不适有帮助。

有利于角色的转变和宝宝出生后的亲子互动

胎教有利于孕妈妈及早适应角色转变。在未与宝宝见面之前，通过胎教可以传递孕妈妈对胎宝宝的爱与关怀。宝宝出生后，能继续延续这份爱与关怀，胎教给予宝宝最好的教育与照顾，为以后的亲子互动奠定良好的基础。

Part

1

孕早期，
传递期许和爱

孕1月
了解胎教

老公没参与胎教

好遗憾呀

宝妈：我和老公是异地生活，虽然当我烦躁、紧张的时候，老公都能通过电话、视频安慰我、开解我。但遗憾的是，总是我一个人对着肚子说话、读故事，老公却没有机会参与。

准爸爸安抚妻子的情绪，也是在参与胎教

不留遗憾

马大夫：胎教不是孕妈妈一个人的事儿，准爸爸最好也参与进来。准爸爸除了直接给胎宝宝讲故事和胎宝宝对话以外，也可以通过间接方式参与胎教，比如帮孕妈妈放松紧张的心情，消除担忧和恐惧，从而为胎宝宝创造一个宁静、温和、稳定的成长环境。

总是不知道该和宝宝说什么

好遗憾呀

宝妈：我和老公都是比较内向的人，看到论坛里有人说每天上下班和宝宝打招呼。我们俩都不好意思，觉得怪怪的，也总是找不到合适的话题，所以我们就干脆放弃了对话胎教，选择每天听听音乐。

你的所见所闻都可以说给胎宝宝听

不留遗憾

马大夫：准爸妈们最好每天都跟肚子里的宝宝说说话，可以随时随地把你看到的说给宝宝听。比如到公园里，告诉胎宝宝你看到了绿绿的草地，鲜艳的花朵，还有小蜜蜂，听到了风声、鸟叫。这不仅是语言胎教，也是在和尚未见面的宝宝建立亲密的亲子关系。

刚刚形成最初的样子

生理学上是把末次月经的第一天当怀孕第一天计算的，但其实在怀孕的第一个月是这样一个过程：卵子通常在两次月经之间（以月经周期为 28 天为例，通常从月经第 1 天后算起，第 14 天排卵）从卵巢内排出，与精子结合后形成受精卵，最终受精卵在子宫内安全着床。此时的胚胎称为囊胚。受精卵着床后，并不断地分裂，一部分形成大脑，另一部分则形成神经组织。从末次月经第一天开始到第 4 周末时，胚胎如同一个椭圆形的小物体，腹部隆起，其中就是心脏原基。

身体还没有明显变化

大多数孕妈妈只是每月如期而至的月经不再出现，其他症状暂时还不明显。通常孕妈妈还意识不到自己已经怀孕了。这时，子宫的大小与怀孕前基本等大，所以孕妈妈的身体看起来没有什么变化。大多数孕妈妈是怀孕 4 周后才出现怀孕的一些征兆。

本月所需关键营养

补充叶酸

- 叶酸预防胎儿神经管畸形，孕前 3 个月就应该开始补充，怀孕后仍要补充叶酸。
- 各种绿色蔬菜和柑橘类水果等。

保证蛋白质的摄入

- 胚胎顺利着床和发育需要蛋白质的支持。
- 瘦畜肉、鱼、蛋、奶、禽肉、大豆及其豆制品等。

补充锌

- 孕妈妈缺锌会降低自身免疫力，供给充足的锌可避免因免疫力降低而影响胚胎发育。
- 牡蛎、扇贝、蛤蜊、牛肉、坚果等。

正确理解胎教

胎教就是准爸妈用爱联系胎宝宝

胎教就是准爸妈们和未见面的胎宝宝之间爱的沟通。宝宝出生后，这种爱依然会留存在双方的记忆里，长久地影响亲子关系，并对宝宝出生后性格的形成有积极作用。

胎宝宝是一个有感知、有情绪的生命，渴望得到爸爸妈妈的关心。因此，孕妈妈准爸爸要让胎宝宝感受到你们在关注他。早上跟他打声招呼，晚上跟他道声晚安，让他时时刻刻感受到你们的爱。

来自妈妈的爱

怀胎十月，胎宝宝与孕妈妈紧密结合在一起，天生就心灵相通。如果孕妈妈对肚子里的宝宝充满爱和期待，那宝宝出生后更容易开心。

如果孕妈妈不明白这一点，愤怒、抱怨、焦躁等负面情绪太多，胎宝宝也会感受到压力和不愉快，宝宝出生后极易出现一些性格方面的问题，在婴幼儿期表现为爱哭闹。

来自爸爸的爱

胎宝宝需要的不只是来自妈妈的爱，也需要父爱。母爱通常是温柔的，父爱通常给予孩子安全感，所以准爸爸让胎宝宝知道你的爱，更有利于宝宝出生后健康成长和形成良好性格。

对胎教有正确认识

胎教源于爱，恒于坚持，准爸妈在胎儿期所做的努力会为胎宝宝的成长助力。我们要科学地认识胎教，不要神化或片面夸大它的作用。胎教就是传递你的爱，让胎宝宝在浓浓的爱中获得安全感、幸福感。应该实事求是看待胎教，科学实施胎教。

给胎宝宝起一个可爱的小名

刚开始对腹中的胎宝宝说话时，可能会觉得不太自然，有点不知道怎么开口。其实准爸妈可以先给胎宝宝取一个中性一点的小名，然后每次胎教的时候就直接叫名字，又亲切又有爱。

对胎宝宝的爱，无关性别

怀孕后很多准爸妈会对胎宝宝的性别很好奇，甚至会在做 B 超的时候向医生提问。其实我们国家是禁止非医学意义的性别鉴定的。

每一个胎宝宝都是准爸妈爱的结晶，无关性别。保留好奇心到分娩那一刻再揭晓，迎接人生中的惊喜吧！

精子和卵子结合成受精卵，受精卵在子宫里安营扎寨后一点一点长大。

胎教有哪些类型

胎宝宝与孕妈妈是心灵相通的，住在子宫里时，胎宝宝虽然看不到妈妈的表情，却能感受到妈妈的喜怒哀乐。

为了宝宝将来的健康和幸福，孕妈妈需要有意识地放松心情、稳定情绪，避免精神紧张等不良刺激，这对胎宝宝来说非常重要。

营养胎教

孕期是孩子生命早期 1000 天的起始阶段，孕期如果营养不良或者营养过剩，会对孩子的发育造成不可逆的改变，影响孩子成年后的健康。孕期注重均衡的饮食搭配，控制好体重，可避免巨大儿、妊娠糖尿病等的发生。

胎教时间：整个孕期。

运动胎教

帮助控制体重，保持愉快的心情，避免孕期肥胖，有助顺产，还能减少分娩时会阴肌肉受损，对产后身材恢复有益。

胎教时间：

孕早期：少量做运动或不做运动。

孕中期：适当加大运动量，以舒适为主。

孕晚期：行动不便，减少运动量，以感觉不到累为度。

阅读胎教

阅读胎教其实也属于语言胎教的范畴，是孕妈妈把喜欢的故事、诗歌、散文等有感情地大声朗读出来，刺激胎宝宝的听觉、情感和语言发育。

胎教时间： 整个孕期。

手工胎教

孕期做点简单的手工，比如翻绳、折纸、剪纸、黏土等，有利于调节心情，宝宝出生后也可以带着他一起做手工。

胎教时间： 任何空闲时刻都可以。

美育胎教

经常欣赏艺术作品，甚至自己动手画一画、涂涂色，可以提高感受力，缓解压力，还能将体验传达给胎宝宝。

胎教时间： 整个孕期。

音乐胎教

听一些舒缓、轻柔、明朗旋律的音乐，孕妈妈哼唱儿歌、童谣，都有安抚胎宝宝，调节昼夜规律的作用。

胎教时间： 整个孕期都可以，中期更要加强。

抚摸胎教

准爸妈用手轻轻抚摸孕妈妈的肚子或轻轻拍打，最好再加上对话，有助于胎宝宝感觉神经和大脑的发育，还能建立亲子感情。

胎教时间： 孕中晚期。

情绪胎教

孕妈妈心情好、情绪稳定，对胎宝宝有正向作用；如果孕妈妈情绪烦躁、紧张、易怒，会通过胎盘传递给胎宝宝，使他心跳变快、情绪紧张。

胎教时间： 整个孕期。

怎么做胎教最有效

选择合适的时间和喜欢的形式

什么时候开始做胎教

其实从计划怀孕开始，胎教就开始了。备孕期胎教更侧重对女性身心的调整，主要是调整生活作息、心情、饮食，进行合理的运动，做必要的孕前检查，尽量让自己保持在最佳状态，从而给胎宝宝准备最佳的宫内环境。

那些并非计划性怀孕的女性，得知怀孕后就可以做胎教了。根据孕期的不同，胎教的重点和内容也有所不同。

平静状态是胎教的好时机

孕妈妈在平静状态下进行胎教，效果是最好的。这时候孕妈妈与胎宝宝的互动和交流不受打扰。孕妈妈可以把自己看到的、听到的一切与胎宝宝分享。听喜欢的音乐，做一做手工，都是很好的胎教。

选择适合自己的胎教形式

有效的胎教无疑会对胎宝宝方方面面都有正面影响，但孕妈妈们也不应盲目胎教，要在孕期不同阶段选择适合自己的胎教方式，这样才会将胎教的益处全部发挥出来。

胎教要适时适度，以免打扰胎宝宝休息

胎教对胎宝宝好处多，但要适当，时间不宜太长，幅度不能过大，次数不能太频繁。因为胎宝宝大多数时间都是在睡觉，睡眠和休息是让胎儿迅速生长的基础，如果过于频繁的胎教可能会打扰到胎儿休息，影响其发育。一般，每次做胎教控制在10~15 分钟为宜，一天 1~2 次即可。

准爸爸一定要参与胎教

胎教中，准爸爸自然是不可缺少的角色。怀孕以后，孕妈妈身体和心理上都会发生不小的变化，有准爸爸相伴左右，给予支持和关爱，妻子能更快适应变化，胎教无疑会进行得更加有声有色。

胎宝宝喜欢爸爸的声音

有研究表明，胎宝宝不仅喜欢妈妈轻柔的声音，对准爸爸低沉、宽厚的嗓音也非常热爱。准爸爸参与到胎教中来，能让胎宝宝感受到爸爸妈妈双重的关注和爱，使宝宝与准爸妈之间的联系更密切，有利于胎宝宝的身心发育。

适合准爸爸做的胎教：对话胎教、抚摸胎教、互动游戏

准爸爸与胎宝宝的接触机会不如孕妈妈那样多，因此准爸爸要在每天固定的时间摸着孕妈妈的肚子和宝宝打招呼，给他读读故事，唱唱歌，和孕妈妈做一些有趣的互动，都是参与胎教的好方法，对胎宝宝大脑发育有很大的帮助。

做好“后勤部长”，承担更多的家务

准爸爸的胎教工作有双重任务，不仅要对胎宝宝承担起做父亲的责任，与之建立情感联系，也要尽到丈夫的责任，更好地呵护孕妈妈。

女性怀孕后，由于孕激素的变化，以及呕吐、食欲不好等妊娠反应的影响，情绪容易起伏大、敏感，这时候需要准爸爸的安慰和体贴，来帮助孕妈妈保持心情平和。孕妈妈的心情直接关系胎宝宝的发育情况。

随着孕周的增加，孕妈妈行动不便，准爸爸要尽量承担起家务活，做好后勤保障工作。与此同时，准爸爸要妥善安排好孕妈妈的饮食，仔细挑选食物，注意均衡营养，满足孕妈妈和胎宝宝的身体需求。

执行不吸烟任务

很多准爸爸在备孕阶段戒烟，但是当妻子怀孕成功后又开始抽，其实二手烟和三手烟对孕妈妈和胎宝宝的危害很大，容易引起早产等不良后果。所以准爸爸应为了家人的健康，要积极为家人创造无烟环境。对于准爸爸自身而言，戒烟能够减少健康隐患。

避开这些胎教误区

误区一：胎教是为了培养神童

很多父母实施胎教时，都带有“望子成龙、望女成凤”的迫切心情，甚至想培养出神童。这是完全不正确的观点。胎教其实是帮孕妈妈调节心态，与胎宝宝进行情感交流。从某种意义上说，胎教有助于胎宝宝大脑发育，但与培养神童无关。

误区二：胎教就是给胎宝宝听音乐

很多准爸妈认为胎教就是给胎宝宝听音乐。适当听音乐是正确的，但是也要讲究内容和方法，除了选择适当的音乐和控制听音乐的时间，还要注意音量大小。除了音乐胎教以外，胎教还包括运动、营养、美术、光照、图形卡片等形式和内容。从怀孕前的准备，到情绪的调节，再到散步、和胎宝宝说悄悄话等，都是胎教。

误区三：音乐胎教时要把播放器对着肚子

对着肚子放音乐，或者把耳机放到肚子上的做法不科学。胎宝宝的听力非常脆弱，突然遭受到高频声音的刺激容易造成伤害。胎宝宝一般在 4 个月时才有听力，正确的音乐胎教方式是孕妈妈自己听音乐，间接让胎宝宝听音乐。音乐胎教时，音量不要放得太高，总时长和音量以妈妈听着舒服、没有压力为准。

误区四：胎教是迷信

有人不了解胎宝宝的发育情况，认为胎宝宝没有接受胎教的能力，其实这种想法是不对的。胎宝宝 4 个月时就具备了全方位的感知能力，即具备了接受信息的能力。此时根据胎宝宝各时期的发育特点，有针对性地、积极主动地给予刺激，能够促进胎宝宝身心健康发育，为宝宝出生后的早教奠定基础。

误区五：跟随潮流

在胎教的过程中，准爸妈们可以根据自己的优势来选择适合自己的胎教方式，比如有音乐才能的父母可以多给宝宝唱歌或演奏乐曲，喜好文学的父母可以多诵读故事、散文、诗词，从事美术工作的父母可以给胎宝宝欣赏名画，也可以自己绘制，甚至还可以画一画想象中宝宝的样子。

孕2月
用爱向胎宝宝表示欢迎

孕早期持续孕吐，体重不增反降

好遗憾呀

宝妈：我孕早期一直呕吐，食欲不好，心情也不好，前三个月的时候体重不但没有增加，反而还减了好几斤①。真的很担心，生怕宝宝营养不够，又自责又难过，营养胎教是不是做得不够好？

正常的妊娠呕吐不会影响胎宝宝生长

不留遗憾

马大夫：孕早期胎宝宝生长发育慢，需要的营养也并不多，不挑食不偏食的孕妈妈保持之前的饭量就可以。有孕吐的孕妈妈尽量吃清淡、易消化的食物，能吃下去的时候就尽量吃，吃不下的时候不勉强。呕吐特别严重，也可遵医嘱补充一些营养补充剂。

经常看故事，但没有大声朗读

好遗憾呀

宝妈：我本来就是喜欢阅读的人，经常看诗歌类的书。孕期也一直坚持这个阅读的习惯，只是我总是默默地看，并没有大声朗读，不知道这样是不是胎教的效果不好。

默读可以愉悦自己，朗读更能愉悦胎宝宝

不留遗憾

马大夫：阅读是一个很好的习惯，如果本身就爱好阅读，这是一种有积极作用的胎教方式。不喜欢大声阅读，自己也能获得内心的愉悦和满足，孕妈妈的快乐对胎宝宝的生长本身是有促进作用的。如果能大声阅读，互动和沟通的效果会更好。

① 斤：重量或质量单位，1 斤 =0.5 千克。

有心跳了

眼睛 开始形成，但还没有眼睑。

脊柱 慢慢形成。

四肢 有刚开始出现的胎芽，即为四肢，但表面上呈不规则的凸起。

心脏 开始出现有规律的跳动了，每分钟达 120 次。

有早孕反应

- 出现体温升高、嗜睡、疲倦、呕吐等早孕反应。
- 乳房增大，会有胀痛感，乳晕颜色加深。
- 子宫如苹果大小，子宫壁薄而软。

本月所需关键营养

补充充足的叶酸

- 此时胎宝宝的脑细胞增殖迅速，最容易受致畸因素的影响，要补充足够的叶酸以预防神经管畸形的发生。
- 各种绿色蔬菜和柑橘类水果等。

避免缺乏 B 族维生素

- B 族维生素，尤其是维生素 B_6、维生素 B_1 可以改善孕吐，还能缓解疲劳，稳定情绪。
- 各种谷物杂粮和杂豆类等。

摄取足够的碳水化合物

- 如果孕妈妈体内缺乏碳水化合物，容易出现酮症，会严重损害胎宝宝的发育。
- 各类主食、全麦面包等。

第 5 周

情绪胎教：应对忐忑的心情

孕妈妈得知怀孕的消息会非常喜悦，尤其是备孕很久的孕妈妈。在喜悦中，也容易感到困扰：有了孩子之后，是不是就不能掌控自己的生活了？自己能否承受分娩的痛？能否把宝宝照顾好？以后会不会是称职的妈妈？……对未来充满了种种忐忑。

与此同时，孕早期的呕吐、恶心、胃灼热等不适感随之而来。而有过不顺利妊娠经历的孕妈妈这时候通常是既高兴又有点担心。

其实，孕妈妈要了解自己忐忑的原因，有针对性地调整心态。要知道，孕早期的不适感其实是胎宝宝发送的报到信号。有不良妊娠经历的孕妈妈也要释怀，要对自己有信心。每个女人天生都会当妈，要相信自己能够胜任这一重要角色。

营养胎教：坚持补叶酸

妈妈，不知不觉中，我已经在您的子宫内安营扎寨一个月了。此时，我需要多多的叶酸，这样才能完美躲避各种不良因素的影响，安全长大。

叶酸是一种水溶性维生素，对细胞分裂和组织生长有重要作用，是胎宝宝大脑发育的关键营养素。孕前 3 个月以及孕期补叶酸，可最大限度预防胎儿神经管畸形。母体叶酸缺乏会造成胎儿神经管闭合不正常，导致宝宝出现无脑儿、智力低下、脊柱裂等出生缺陷。

牢记四大类高叶酸食物

蔬菜，尤其是深色蔬菜

菠菜、韭菜、油菜、西蓝花、莴笋、四季豆等（注：一般来说，绿叶蔬菜的颜色越绿含有的叶酸就越多）。

大豆类、坚果类

大豆及其制品、花生（花生酱）、葵花子等。

动物肝脏

猪肝、鸡肝。

水果，尤其是柑橘类水果

橘子、橙子、柠檬、葡萄柚等。

食物中的天然叶酸具有不稳定性，遇光、遇热容易损失，在储存、烹调加工过程中都会有不同程度的损耗。比如，蔬菜储存 2~3 天后叶酸会损失一半，加热油炒后，叶酸就所剩不多了。所以仅靠食补往往达不到孕期对叶酸的需求，应在食物补充的同时服用叶酸片。

如何选择叶酸片

补充叶酸片有单纯的叶酸片，也有含叶酸的复合多维片。复合多维片一般包含多种维生素及矿物质。因为维生素之间和矿物质之间可以协同作用，所以选择多维片相比单纯的叶酸片会有更多的健康益处。

补叶酸谨防过量

《中国居民膳食营养素参考摄入量》建议，叶酸的每天最高摄入限量是 1000 微克，而孕期的适宜摄入量是 600 微克。因此日常从饮食、叶酸片、营养强化食品中摄取的叶酸总量最好在 600 微克，最多不要超过 1000 微克。选择膳食补充剂的时候一定要注意剂量，不确定的情况下要咨询专业人士。

阅读胎教：《开始》

孕妈妈说

宝贝，今天我来为你朗诵一首印度诗人泰戈尔的《开始》！

“我是从哪儿来的？你，在哪儿把我捡来的？”孩子问他的妈妈。

她把孩子紧紧地搂在胸前，半哭半笑地答道——

“你曾被我当作心愿藏在我心里，我的宝贝。

“你曾存在于我孩童时代玩的泥娃娃身上；每天早晨我用泥土塑造我的神像，那时我反复地塑了又捏碎了的就是你。

“你曾和我们家庭的守护神一同受到祀奉，我崇拜家神时也就崇拜了你。

“你曾活在我所有的希望和爱情里，活在我的生命里，我母亲的生命里。

“在主宰着我们家庭的不死的精灵的膝上，你已经被抚育了好多代了。

“在我做女孩子的时候，我的心的花瓣儿张开，你就像一股花香似地散发出来。

“你的软软的温柔，在我青春的肢体上开花了，像太阳出来之前的天空的一片曙光。

“上天的第一宠儿，晨曦的孪生兄弟，你从世界的生命的溪流浮泛而下，终于停泊在我的心头。

“当我凝视你的脸蛋儿的时候，神秘之感湮没了我；你这属于一切人的，竟成了我的。

“为了怕失掉你，我把你紧紧地搂在胸前。是什么魔术把这世界的宝贝吸引到我这双纤小手臂里来的呢？”

准爸爸胎教：加倍关心妻子，欢迎宝贝

当孕妈妈确定了怀孕的消息，准爸爸一定欣喜若狂，随之又不知道该做些什么。这时，要做的第一件事是加倍关心妻子，欢迎肚子里宝贝的到来啊！

孕吐阶段多呵护

孕早期，大多数孕妈妈会有妊娠反应，吃不下，哪怕见到平时喜欢的饭菜都想吐，伴随而来的可能是性情都会有变化。准爸爸首先要理解妻子的不舒服和坏心情，要陪伴妻子度过这个敏感阶段，比如孕妈妈有呕吐反应的时候，准爸爸一定不要置之不理，关心一下妻子。感受到你的体贴，孕妈妈应对孕早期的不适也会情绪好一些。

尽量陪同产检

整个孕期，孕妈妈至少要去医院接受12次产检，尤其是到中晚期，肚子越来越大，行动不便，准爸爸陪同产检不但能在必要时给予帮助，还能给予孕妈妈心理安慰。如果孕妈妈一个人去产检要应付交费、排队，可能比较疲惫，要是遇到某次检查结果异常，就需要准爸爸在一旁商量决定。所以准爸爸最好能陪同孕妈妈一同做产检，即便不能每次都陪同前往，也要在最关键的几次检查时陪同，比如唐筛、糖筛、B超大排畸等，以便给予孕妈妈更多的心理支持和依靠。

第 6 周

营养胎教：改善孕吐的几大建议

胎宝宝心声

妈妈，此刻也许您正经历孕吐的折磨，您会不会怪我是个捣蛋鬼？嘻嘻，我只是用这种方式来宣告我的到来而已。

吃固体食物能减少干呕

有早孕反应的人，可吃一些固体食物，如馒头、饼干、烧饼、面包片等，可缓解孕吐反应。不断呕吐会造成体液丢失过多，要注意补水，但是固体食物和液体食物最好不同食，水在两餐之间饮用。

增加 B 族维生素摄入可减轻早孕反应

B 族维生素可以有效改善孕吐，维生素 B_6 有直接的镇吐效果，维生素 B_1 可改善胃肠道功能，缓解早孕反应。除了服用复合维生素制剂补充外，尤其要注重膳食补充 B 族维生素，鸡肉、鱼肉、鸡蛋、杂豆类等都是维生素 B_6 的好来源。

少食多餐避免营养不良

有早孕反应的孕妈妈总是缺乏食欲，感觉吃了还要吐出来，不吃还好受一些。虽然此时胎宝宝还很小，需要的营养并不多，但是如果进食过少，对母胎健康都不利。因此可以每次减少进食量，但是多吃几次，把一日三餐改为每天吃 5 ～ 6 餐。

适当运动能缓解孕吐

很多孕妈妈因为吃了就吐，加上呕吐折腾而体力欠佳，总是躺在床上不想起来。这样只会加重早孕反应，要经常起来走一走，做一做轻缓的运动，如户外散步、孕妇保健操等。既能分散对于孕吐这件事的注意力，还能帮助改善恶心、倦怠等症状，有助于减轻早孕反应。

音乐胎教：《小夜曲》

奥地利作曲家舒伯特的《小夜曲》感情非常真挚动人，孕妈妈不妨多听，以陶冶性情。

什么时候听

清晨、黄昏或睡前，或是你感受到宝宝在动的时候听，让宝宝感受到你很感动。

如何听

听这首曲子时想象一下，在皎洁的月光下，一个小伙子抱着吉他在心爱的姑娘窗下弹奏、唱歌，姑娘躲在窗户边偷偷张望。孕妈妈还可以想想和准爸爸的初次见面的场景。一想到这些，愉悦的感觉就出来了，宝宝也能感受到你的喜悦哦。

关于这首曲子

《小夜曲》是舒伯特声乐套曲《天鹅之歌》的第四首，而《天鹅之歌》是舒伯特用德国诗人海涅、赛德尔、雷尔斯塔布的诗谱成的十四首歌，传说是天鹅临死之前必唱的动听歌，《天鹅之歌》因此而命名。

《小夜曲》以爱情为题材，婉转动听。舒缓的音乐响起，似乎是在一个幽静的环境里，一个青年在向他心爱的姑娘深情倾诉，然后表达的是殷切的恳求和期待……抒情而安谧的演奏之后，感情变得更加炽烈，仿佛爱情的歌声在旋律中回荡，形成高潮。

运动胎教：舒缓平和的呼吸法

如果你孕期容易紧张，情绪比较容易起伏，可以做做以下这几种简单的孕期瑜伽放松运动，帮助孕妈妈很快平静下来。

呼吸法

选择一个舒适的姿势盘坐在垫子上，两脚掌心相对。双手分别放在腹部和胸部上，脊背中正，双肩自然放松。双眼微闭，均匀呼吸，让双手感受呼吸。保持姿势，时间为 3 ~ 5 次呼吸。

枕臂侧躺

侧躺（任意一边），曲臂枕于头下，置于底下的大腿保持放松伸直的姿势，置于其上的大腿稍微弯曲，另一胳臂置于弯曲的大腿上。时间以舒服为度，做完一侧后以同样方式换另一侧。

第 7 周

营养胎教：远离不健康的食物

胎宝宝心声

我生长需要的营养都是通过妈妈吸取来的，可有些食物我不喜欢，妈妈吃多了我就不开心、不舒服，妈妈最好不要吃哦！

这些食物可以拉入黑名单

对于不健康的食品，孕妈妈们要抵挡住诱惑，尽量远离。

方便面

方便面含有较多的钠、油脂、防腐剂，热量非常高，孕期不宜食用。

罐头食品

一般含有添加剂，属于高糖、高盐食品，孕妈妈不宜吃。

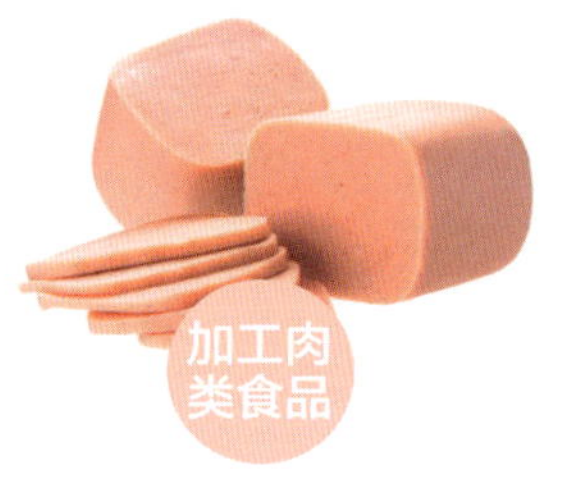

加工肉类食品

火腿肠等加工肉类食品属于高盐、高脂食物，不仅没有营养，还容易导致肥胖。

肥肉

含脂肪较多，过于油腻，孕妈妈不宜吃。

腌制食品

含盐高，而且含有亚硝酸盐，多吃易致胎儿畸形。

果脯、蜜饯类

属于高糖、高热量食物，孕妈妈不宜多吃，以免损伤牙齿，导致肥胖，也不利于胎宝宝健康。

音乐胎教：《雪绒花》

孕妈妈说

宝贝，今天我来为你唱一首英文歌曲《雪绒花》。这是一首全世界都很流行的歌，等你长大我教给你，好吗？

Edelweiss，edelweiss.

雪绒花，雪绒花。

Every morning you greet me.

每天清晨迎接我。

Small and white，

小而白，

clean and bright，

纯又美，

you look happy to meet me.

总很高兴遇见我。

Blossom of snow may you bloom and grow，

雪似的花朵深情开放，

bloom and grow forever.

愿永远鲜艳芬芳。

Edelweiss，edelweiss.

雪绒花，雪绒花。

Bless my homeland forever.

为我祖国祝福吧。

Edelweiss，edelweiss.

雪绒花，雪绒花。

Every morning you greet me.

每天清晨迎接我。

Small and white，

小而白，

clean and bright，

纯又美，

you look happy to meet me.

总很高兴遇见我。

Blossom of snow may you bloom and grow，

雪似的花朵深情开放，

bloom and grow forever.

愿永远鲜艳芬芳。

Edelweiss，edelweiss.

雪绒花，雪绒花。

Bless my homeland forever.

为我祖国祝福吧。

阅读胎教：《春江花月夜》

准爸爸说

宝贝，今天我来为你朗诵《春江花月夜》，诗里有很多经久不衰的经典名句。

春江潮水连海平，海上明月共潮生。
滟滟随波千万里，何处春江无月明！
江流宛转绕芳甸，月照花林皆似霰。
空里流霜不觉飞，汀上白沙看不见。
江天一色无纤尘，皎皎空中孤月轮。
江畔何人初见月？江月何年初照人？
人生代代无穷已，江月年年只相似。
不知江月待何人，但见长江送流水。
白云一片去悠悠，青枫浦上不胜愁。
谁家今夜扁舟子？何处相思明月楼？
可怜楼上月徘徊，应照离人妆镜台。
玉户帘中卷不去，捣衣砧上拂还来。
此时相望不相闻，愿逐月华流照君。
鸿雁长飞光不度，鱼龙潜跃水成文。
昨夜闲潭梦落花，可怜春半不还家。
江水流春去欲尽，江潭落月复西斜。
斜月沉沉藏海雾，碣石潇湘无限路。
不知乘月几人归？落花摇情满江树。

解读

这首诗以月开始，以月落结尾。在从天上到地下这样广阔的空间中，从明月、江流、青枫、白云到水波、落花、海雾等景物，以及客子、思妇种种细腻的感情，通过环环紧扣的结构方式组织起来。由春江引出海，由海写到明月，又由江流明月引出花林，继而引出人物，转情快意，前后呼应，若断若续，既完美严密，又有反复咏叹的艺术效果。

手工胎教：折千纸鹤

孕妈妈说

宝贝，陪妈妈一起折纸吧。今天我折一只千纸鹤，相信你会喜欢的。

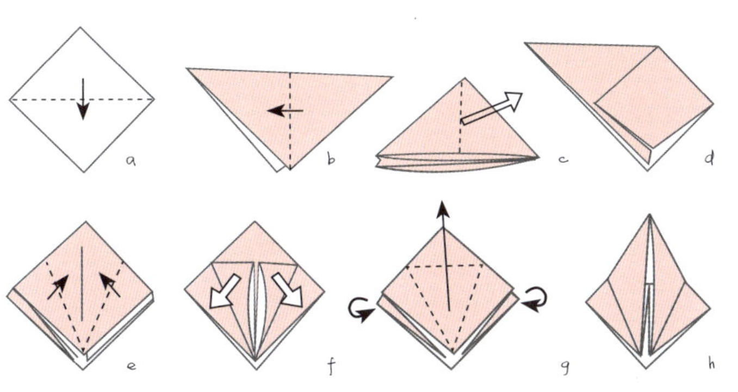

1. 用正方形的纸折成双菱形。

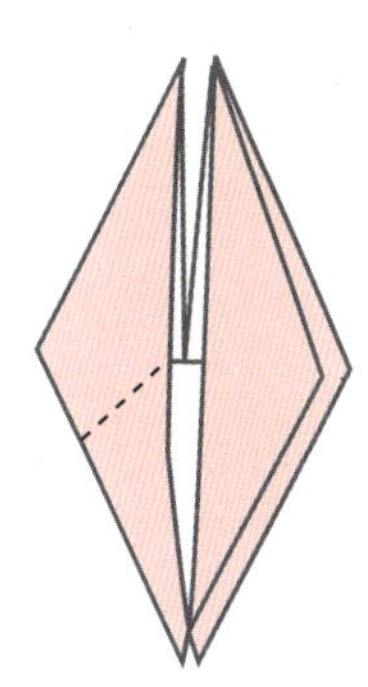

2. 再压折出颈部。

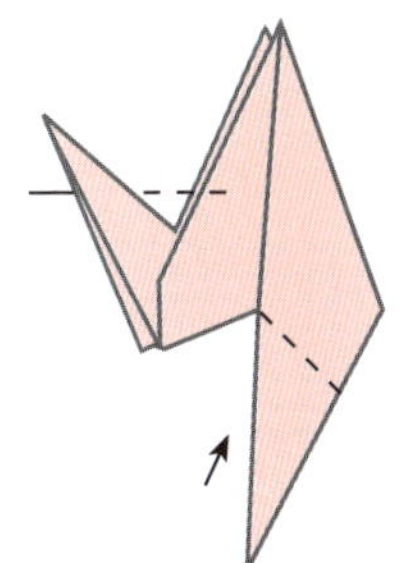

3. 压折头部和尾部。

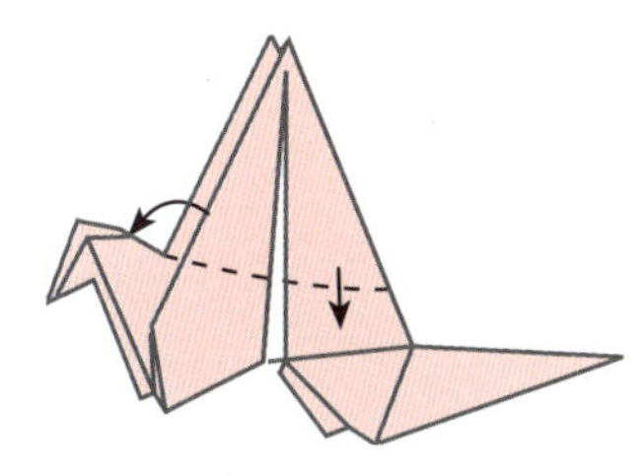

4. 两角向下折成翅膀。

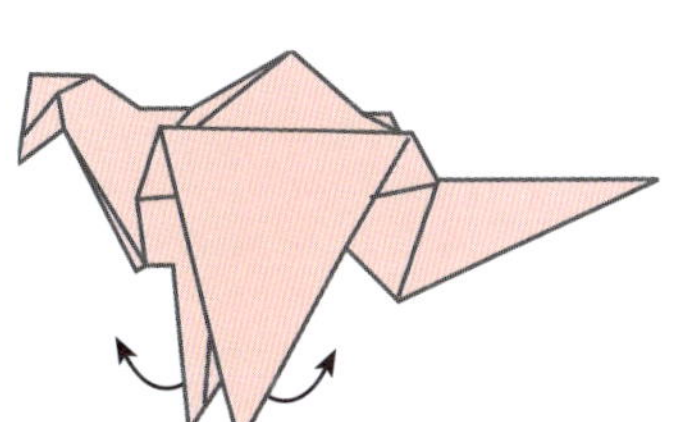

5. 翅膀向上拉平。

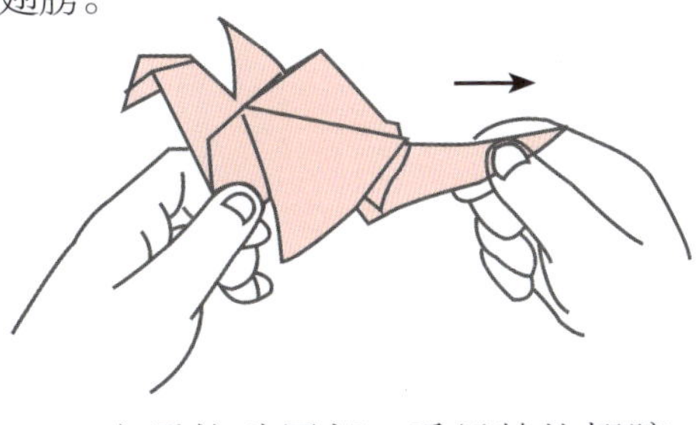

6. 向后拉动尾部，千纸鹤的翅膀就能动起来了。

第8周

营养胎教：不必刻意增加营养

胎宝宝心声

妈妈，我还很小，不需要太多营养。如果您吃得太多，多余的营养就会变成脂肪堆积在您的身体上，我不想您变成胖妈妈。

孕期饮食非常重要，摄入的营养不仅为孕妈妈自身提供所需的养分，还为宝宝的发育提供营养。毫无疑问，孕妈妈需要比平时消耗更多的热量，需要更多的营养。但是怀孕前3个月，所需营养与平时相差不多，孕妈妈自身的营养储备即可满足需要，不需要特别补充营养。

食欲不好的孕妈妈想吃什么吃什么

在食物选择方面，孕期当然是天然健康的食物最好，不提倡吃加工食物。但如果孕妈妈食欲不好，就不必刻意在乎种类，能吃进去是最重要的。比如甜点、果脯、泡菜、酸菜等，孕妈妈如果特别想吃，或者吃完能让食欲变好，可以少吃一点的。需要注意，一定不能大量吃这些食物，否则对自己和胎宝宝的健康都极其不利。

清淡的食物让人有进食欲望

呕吐，食欲本来就差，孕妈妈不必过分强调食物的营养，只要不是绝对禁忌的食物，大部分可以根据自己的口味，想吃什么吃什么，整体上以清淡、少油为好。油炸食物、油腻食物，不仅不好消化吸收，还会加重孕期不适感。很多孕妈妈此时会对鱼、肉、动物肝脏等的比较反感，可以不必刻意进食这些，度过孕吐阶段，食欲就会慢慢好转。

补充碳水化合物，避免酮症酸中毒

孕吐严重，甚至影响进食的时候，也要保证葡萄糖的摄入，以供给大脑所需，否则容易发生酮症酸中毒。每天至少保证130克碳水化合物的摄入量，但要选择易消化的米、面等。各种薯类、根茎类蔬菜和水果中也富含碳水化合物，孕妈妈可以根据自己的口味加以选择。

阅读胎教：《调皮小兔》

孕妈妈说

宝贝，给你讲一个小兔的故事。这是一个调皮的兔子，总想挣脱妈妈的怀抱，可是妈妈告诉它，它走到哪里，妈妈的爱就会跟到哪里。

从前，有一只调皮的小兔，它很想离家出走。有一天，它对妈妈说："我要跑啦！"

妈妈说："如果你跑走了，我就去追你，因为你是我的小宝贝呀！"

"如果你来追我，"小兔说，"我就要变成小鳟鱼，游得远远的。"妈妈说："如果你变成小鳟鱼，我就变成捕鱼的人。"

"如果你变成捕鱼的人，"小兔说，"我就变成高山上的大石头，让你抓不到。"妈妈说"如果你变成高山上的大石头，我就变成爬山的人，爬到高山上去找你。"

"如果你变成爬山的人，"小兔说，"我就变成小花，躲在花园里。"妈妈说："如果你变成小花，我就变成园丁，我还是会找到你。"

"如果你变成园丁，"小兔说，"我就变成小鸟，飞得远远的。"妈妈说："如果你变成小鸟，飞得远远的，我就变成树，好让你飞回家。"

"如果你变成树，"小兔说，"我就变成小帆船，漂得远远的。"妈妈说："如果你变成小帆船，我就变成风，把你吹到我要你去的地方。"

"如果你变成风，把我吹走，"小兔说，"我就变成马戏团里的空中飞人，飞得高高的。"妈妈说："如果你变成空中飞人，我就变成走钢索的人，走到半空中好遇到你。"

"如果你变成走钢索的人，走在半空中，"小兔说，"我就变成小男孩跑回家。"妈妈说："如果你变成小男孩跑回家，我正好就是你妈妈，会张开双臂牢牢抱住你。"

"噢！"小兔说，"我不如就待在这里，当你的小宝贝吧。"妈妈说："就这么办！来根萝卜吧！"

美育胎教：《摇篮》

孕妈妈说

宝贝，我每天都想象将来的画面：我是多么爱你，你又会多么依赖我。今天我们要欣赏一幅名画——《摇篮》。

《摇篮》是法国女画家摩里索（1841—1895）的作品。从画面可以看到，纱帐中，熟睡的宝宝纯洁安静，母亲手抚摇篮，充满温情地凝视着宝宝——温馨的母子情从画面上弥漫开来。宝贝，你喜欢吗？

准爸爸胎教：陪妻子散步

孕早期，孕妈妈不宜做大量的运动，并不代表要一直卧床，应该选择安全性高的运动，比如散步来缓解压力。适当散步有利于孕妈妈吸入更多氧气，不仅可以促进胎宝宝的大脑发育，还能调节孕妈妈的心情。有准爸爸的陪伴，孕妈妈会心情更好。夫妻俩可以一边散步一边谈谈肚子里的胎宝宝，让宝宝感受到你们的爱。

在散步中，准爸爸应确保以下几点。

1. 散步前，确认孕妈妈身体没有任何不舒服。
2. 给孕妈妈选择一双舒适、轻便的鞋，最好穿上棉袜来保护孕妈妈的脚。
3. 带上足够的水。在散步前，最好准备好大麦茶或矿物质饮料，在孕妈妈口渴的时候进行补水。
4. 一定要根据孕妈妈的身体状态调节走路的速度。两个人都要保持愉快的心情，这样能获得最佳的散步效果。
5. 平坦开阔的公园等地最适合孕妈妈散步。
6. 提醒孕妈妈保持正确的姿势：挺胸，注视前方，步伐不要迈得太大。

孕3月

让胎宝宝感受到你对他的鼓励

老人们说孕期缝缝补补不吉利

好遗憾呀

宝妈：我喜欢做手工，孕前就喜欢缝制小娃娃和小玩偶等。怀孕以后本来计划每个月做一个小手工，可是家里老人说孕期缝缝补补不吉利，我就只好放弃了这个计划。

科学胎教

不留遗憾

马大夫：那些迷信的说法是毫无根据的。孕妈妈经常做做手工，可以分散对怀孕这件事儿的注意力，丰富孕期的生活。在做手工的时候多联想胎宝宝还能增强幸福感，增强母胎的感应。孕妈妈多动手指还能促使大脑变得更灵活，只是注意尽量做一些轻松的手工，不要过于烦琐，以免过于劳累。

前三个月在家养胎，很少运动

好遗憾呀

宝妈：我因为之前有流产史，怀上这一胎的时候，家里人非常紧张，都建议我辞职在家养胎，以免发生意外。我自己也很担心再有意外发生，所以基本上前三个月以休息为主，很少活动。

对保胎要持正确态度

不留遗憾

马大夫：流产是每个孕妈妈都不愿发生的，有流产征兆或有流产史的孕妈妈，要及时到医院检查，必要的时候可遵医嘱采取休息和保胎治疗等。但无论如何，孕妈妈不要整天担忧，否则对胎宝宝的生长是非常不利的。要时刻保持好心情，相信自己怀上的是最优秀的一胎。

大脑极速发育

大脑 脑细胞数量增加快速，大脑占身体一半左右。

脸 已经形成了眼睑、唇、鼻和下腭。

脐带 里面有一根动脉、两根静脉连接着妈妈和宝宝，妈妈通过脐带给宝宝输送营养，宝宝通过脐带将废物排泄出去。

肾和输尿管 开始有排泄现象。

四肢 腿在不断生长着，脚可以在身体前部交叉了。

怀孕的特征更加明显

- 乳房更胀了，乳头和乳晕的颜色加深，建议换更大些、更舒适的内衣穿。
- 腹部没有明显的变化。此时，轻按子宫会感觉到宝宝的存在。孕 11 周前后，有的孕妈妈腹部可能会出现妊娠纹，腹部正中会出现一条深色的竖线。

本月所需关键营养

供给充足的碳水化合物

- 注意碳水化合物的补充，以免出现酮症。
- 各类主食。

储备足量的碘

- 孕妈妈如果缺碘会导致胎宝宝甲状腺功能低下，影响中枢神经系统，特别是大脑发育。
- 碘盐及海带等海产品。

保证蛋白质的摄入

- 缺乏蛋白质可能引发胚胎发育不稳定，要保证蛋白质摄入量。
- 瘦畜肉、鱼、蛋、奶、禽肉等。

第9周

情绪胎教：克服焦虑

孕早期是胚胎不太稳定的阶段，也是流产的高发阶段。很多孕妈妈可能受这种情绪的影响，总是焦虑、担心，甚至表现为动不动就发脾气、生气、流眼泪。这些不好的情绪会传给胎宝宝，不利于胎宝宝的健康。孕妈妈要学会克服这种焦虑心理。

多学习孕产类知识

如果孕妈妈了解足够多的孕产知识，科学应对即将发生的一切，很多导致焦虑的因素是可以消除的。了解孕产知识也不要道听途说，而是通过正常的、专业的渠道去了解，比如参加医院开设的孕妇课等。

多交朋友，特别是孕妈朋友

朋友的支持和友谊能改变那些与紧张、压力有关的神经，也能改善胎宝宝的发育状况。特别是和同处孕期的朋友交流，大家更有共同语言，缓解压力的效果更好。

按时产检，促进母子健康

定期产检的同时伴随着产前健康教育，后者将为孕妈妈普及相关妊娠知识，加深孕妈妈及其家庭对怀孕和分娩过程的了解，有利于其与医务人员主动配合，为母婴安全和顺产提供有力保障。

了解胎宝宝的情况，除了孕妈妈自身的一些感知外，还需要借助医学检测手段，比如B超能直观、立体地显示胎儿的器官、动作，对胎儿的颜面、肢体、各器官的发育情况。系列的产前筛查能及时发现胎儿的异常，帮助医生制订相应的集中监护和治疗措施，促进母子健康。

营养胎教：注重优质蛋白质的摄入

胎宝宝心声

我的心脏、肌肉、大脑的发育都需要蛋白质，妈妈请您多吃瘦肉、鱼、蛋和豆腐等。

随着胎盘和乳房等组织的增长、血容量的增加、胎宝宝的生长等，孕妈妈需要从食物中摄取大量蛋白质，优质蛋白质促进胎宝宝大脑发育。

孕早期每天需要 55 克蛋白质

孕早期，孕妈妈所需的蛋白质不必增加数量，跟孕前一致即可，每天 55 克（相当于 1 个鸡蛋 +200 克去皮鸡肉 +50 克豆腐），但要保证质量。

鱼虾类、去皮禽肉、瘦畜肉、蛋类、乳类、大豆及其制品都是优质蛋白质的来源。虽然谷类中的蛋白质不是优质蛋白质，但谷类是一日膳食的重要部分，也是蛋白质来源最多的部分。因为谷物和其他食物的蛋白质能够互补，把谷物（缺乏赖氨酸）和杂豆类（富含赖氨酸）一起搭配吃（比如红豆饭），可以获取高质量的蛋白质。

音乐胎教：《蓝色多瑙河圆舞曲》

《蓝色多瑙河圆舞曲》是“圆舞曲之王”小约翰·施特劳斯创作的经典曲目，是以大名鼎鼎的多瑙河命名的。多瑙河是欧洲第二长河，曲子由序奏、五个圆舞曲和尾声来表现多瑙河的多姿多彩。

关于这首曲子

《蓝色多瑙河圆舞曲》是小约翰·施特劳斯创作的400多首圆舞曲中最著名的一首。序奏里，在小提琴演奏水波荡漾的轻微震音的背景上，先由圆号演奏多瑙河的音乐主题。第一圆舞曲主题轻松活泼，副题比较悠扬。第二圆舞曲主题跳跃性比较强，副题带有流动性的特点。第三圆舞曲属于歌唱性旋律，主题优美典雅，副题具有流动性，给人以亲切新颖的感觉。第四圆舞曲主题充满幸福感，并富于歌唱性，副题旋转性比较强，情绪也比较热烈。第五圆舞曲有着欢快和热烈的气氛。最后是全曲的高潮和结尾，这里再现了前面几个小圆舞曲的部分旋律，好似一种回顾，最后再把欢乐的情绪推到高潮时结束。

小约翰·施特劳斯和他的《蓝色多瑙河圆舞曲》

多瑙河是流经中欧的一条河流。这条河流对作曲家来讲，如同母亲一样亲切、熟悉。小约翰·施特劳斯不知多少次泛舟多瑙河上，漫步在两岸。那湛蓝的河水、如画的风光、美丽动人的传说，使作曲家感到犹如身在母亲温暖的怀抱之中，流连忘返，不愿离去。

第 10 周

营养胎教：促进食欲的几大建议

胎宝宝心声

妈妈，您的胃口还很差吧？吃不下，还担心营养不够？如果烹调的时候变变花样，也许能勾起食欲哦。

对于早孕反应还没有消失的孕妈妈来说，变换食物的烹调方法，是促进进食、增加营养摄入的好办法。比如吃不下馒头和米饭，就用豆类、燕麦等谷豆打豆浆或米糊，还能补充 B 族维生素；吃不下炒鸡蛋、煮鸡蛋，就吃肉末蒸蛋、紫菜蛋花汤；吃不到足够多种类的食材，也可以把蔬菜、肉末等混合成馅料，包成饺子或者馄饨。只要是孕妈妈喜欢的形式，能吃得下的形式都可以尝试，原则还是能吃多少吃多少，不要勉强。

多用蒸、煮、炖、凉拌等方式

烹调食物时尽可能不用烹调油或用很少量烹调油的方法，如蒸、煮、炖、焖、水滑熘、拌、急火快炒等。油炸食品如炸鸡腿、油条、油饼等不仅不易消化，还可能加重孕妈妈的不适感。在外就餐时，也要注意少点油腻的菜品。

烹调鱼、肉类时多采用蒸、煮、炖、凉拌等方式，少用油炸、油煎、红烧、爆炒等用油多的方式。比如清蒸鲈鱼、莲藕炖牛腩等。再比如，熟鸡肉撕成细丝凉拌，不仅少油，还能减少摄入量。此外还要注意烹调肉类时最好避免单一烹调，而是搭配蔬菜、豆制品等一起，不仅可以降低胆固醇的吸收，而且营养更丰富，味道更好，比如莲藕排骨汤、海带煲瘦肉、黄豆炖猪蹄等。烹调肉类时适当加蒜和姜等调味，可以减少胆固醇的吸收。

运动胎教：摇手腕

孕早期，胚胎相对不稳定，运动以轻柔为主。如果孕前没有运动习惯的孕妈妈，不宜突然运动。

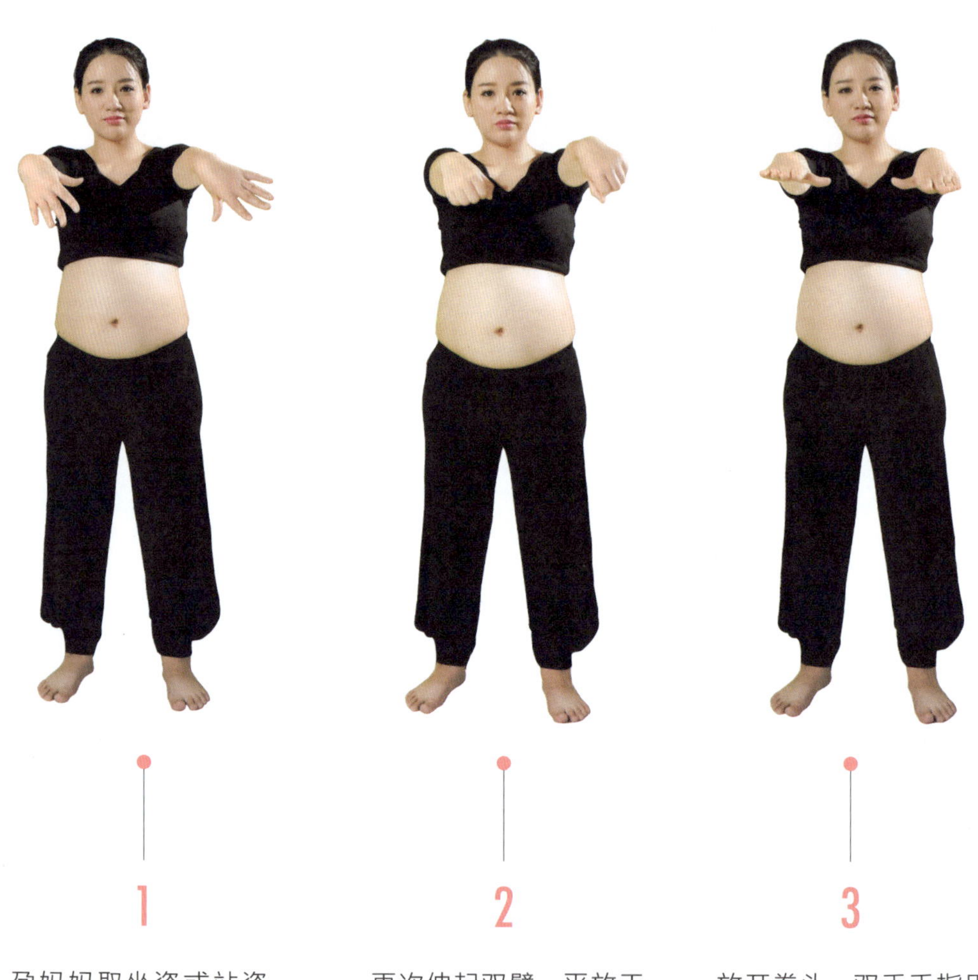

1

孕妈妈取坐姿或站姿，双臂平伸于胸前，双手手指分开，指尖朝下，左右摇摆双手 10 次，放下手臂休息 2 ~ 3 秒。

2

再次伸起双臂，平放于胸前，双手自然握拳，左右摇摆双手 10 次，放下手臂休息 2 ~ 3 秒。

3

放开拳头，双手手指用力伸开，然后上下翻转手掌手背 5 ~ 10 次。

阅读胎教：《仓颉造字》

孕妈妈说

宝贝，等你出生后妈妈会慢慢教你认字、写字，一个一个方块字就像一幅幅美好的图画，很美很有趣。那你知道字是怎么出现的吗？听妈妈给你讲仓颉造字的故事吧。

古代有一位首领，叫黄帝。他有一位史官，叫仓颉。他为黄帝管着很多事，如牛羊有多少，谷物有多少……在这以前，人们先是通过给绳子打结记事，后来通过在木头、竹子上刻符号来记事。因为仓颉管的事情很多，这些方法都不够用了。怎么办呢？仓颉犯了难。

一天，仓颉和人们一起去打猎，走到一个三岔路口，几位老人争执起来。一位老人要往东，因为他说东边有羚羊；一位老人要往北，说北边有鹿群；一位老人要往西，说西边有两只老虎。仓颉很纳闷，他们是怎么知道的呀？一问才知，他们是通过看地上动物的脚印来判断的。仓颉高兴极了：区分动物可以用不同的脚印，他受到启发知道怎么记事啦！

回到家，仓颉描画日月星辰、山川草木、鸟兽虫鱼等形状，造出了各种符号。他把符号拿给大家，经过简单解释，大家都明白了。渐渐地，这些符号的用法被推广开了，文字的雏形出现了。

准爸爸胎教：安抚妻子的“玻璃心”

女性怀孕后，由于体内孕激素的变化，可能会情绪低落、焦虑等，甚至会经常胡思乱想：担心胎宝宝不健康，担心自己身材变形，甚至担心不能顺产，担心产后没奶等，任何一点小状况都可能成为“大事件”，在心中波涛汹涌。这个时候准爸爸需要做到以下几点。

给予充分的关心和理解

当妻子过于“玻璃心”的时候，不要表现出不耐烦，而是要让她知道，你将和她一起面对所有的状况，给她信心。

帮她释放压力

当妻子出现情绪变化的时候，引导她把自己的担忧和顾虑说出来，准爸爸用包容和关心一一化解。这样的沟通不仅能让孕妈妈感受到更多的爱，还对夫妻感情的构建有良性促进作用。

一起做一些让妻子感兴趣的事儿

如果孕前你们有各自的兴趣爱好，那么怀孕以后，准爸爸最好多陪同妻子做她想做的事情。这样能帮助她分散注意力，也能让孕妈妈的孕期生活更有意义。孕妈妈的好心情是给胎宝宝最好的养分。

让妻子保证高质量的睡眠

保证充足的睡眠，不仅对于孕妈妈和胎宝宝的健康有利，也对于缓解抑郁的心情极有好处。准爸爸可以花一些心思改善居住环境。还可以每晚给妻子煮一杯热牛奶，有利于提高妻子的睡眠质量。休息日的时候，准爸爸不妨创造条件让孕妈妈多睡一会儿，自己提前起床准备早餐。

第11周

营养胎教：远离容易导致胎儿畸形的食物

胎宝宝心声

因为我的到来，妈妈对食物的选择格外注意了，以前爱吃的零食都不吃了，但是一些可能让我不能健康长大的食物您也要格外注意哦！

可能含有弓形虫的食物

在怀孕早期急性感染弓形虫会给胎儿造成不利影响，所以，食用所有的肉类时都必须彻底熟透再食用，生鱼片或者涮火锅时没有煮熟的牛羊肉都可能含弓形虫。

存放过久的食物

放置时间过长的食物，有的从外表看不出腐坏，但是对身体是有害的。比如久存变质的花生可能致癌，也可能导致胎儿神经发育缺陷。虽然大家都知道发芽的土豆中龙葵素含量高，不能吃，但是也不要把发芽的部分切掉，其余的部分继续吃。

易促使流产的食物

关于一些食物导致流产的说法目前很盛行，一部分来自于中医的“活血化瘀”理论，另一部的理论基础则来源不明，更像是民间说法，甚至有一点儿“以讹传讹”。目前关于此类说法，无论是前者还是后者，均没有严谨的科学证据来证实。

另外，在无此说法的国家和民族，并未发现因为吃某种食物而引起流产的现象。但出于尊重饮食风俗和习惯的考虑，孕妈妈可以根据个人意愿，自行选择是否避免此类食物的摄入。

阅读胎教：《女娲造人的故事》

孕妈妈说

宝贝，今天讲一个女娲造人的故事。传说人是女娲捏的小泥人变的，到底是怎么回事儿呢？

盘古开天辟地后，天地间并没有人类。不知什么时候，出现了一位女神，名叫女娲。

一天，女娲走在天地间，感到有些孤独，觉得应该添点儿什么。添点儿什么呢？女娲想着来到一个水塘边，看到了水里自己的影子，灵机一动，决定造跟自己一样的生物。

女娲从塘边挖起一团黄泥，掺和了水，在手里又揉又捏，最后捏成了一个娃娃。

她把这个小东西放到地上。说来奇怪，这个泥娃娃，刚一接触地面，就活了，还开口喊女娲妈妈。女娲很高兴，给她心爱的孩子取名叫“人”。女娲捏了好多这样的泥娃娃，他们都变成了人。

但是，女娲觉得这样捏泥人太慢了，就想出一个好办法：从崖壁上拉下一条枯藤，伸到泥潭里，将泥潭搅成了浑黄的泥浆，然后提起枯藤向四周一挥，泥点就变成了许多小人儿，和泥捏的小人儿一样聪明美丽。

可是女娲又想：人是要死的，自己不能一直造人吧？后来，女娲想到了办法，就是把小人儿分为男女，通过婚姻繁衍后代。

音乐胎教：《百鸟朝凤》

孕妈妈可以随着音乐的旋律想象百鸟齐鸣的情景，这样胎宝宝在肚子里能够体验大自然那种自由、欢乐与和谐的气氛。

什么时间听

这首乐曲非常适合孕妈妈在早晨起床后或做家务时听。它欢快又贴近大自然的曲风有利于孕妈妈保持愉快的心情。

怎么听

整个乐曲中，乐手充分发挥唢呐善于模仿的长处，惟妙惟肖地模仿了布谷鸟、斑鸠、燕子、黄雀、画眉、猫头鹰的啼鸣。更有趣的是，本不属于鸟类的知了鸣叫声，也加进来凑热闹。乐曲开始，唢呐吹出一个长音，接着是唢呐与笛子的重奏，呈现百鸟齐鸣的情景，随后是一段欢快的旋律，最后全曲在热烈欢腾的气氛中结束。这首曲子首尾呼应，充满活力，具有浓郁的地方特色和自由欢腾的气氛，表现了生机勃勃的大自然景象。

关于这首曲子

《百鸟朝凤》是一首民间乐曲，乐曲中用唢呐模仿鸟的叫声，表现出劳动者的风趣和智慧。

手工胎教：手指变青蛙

孕妈妈说

宝贝，来活动活动手指，用手指模拟一只大青蛙吧。

手指变青蛙的步骤

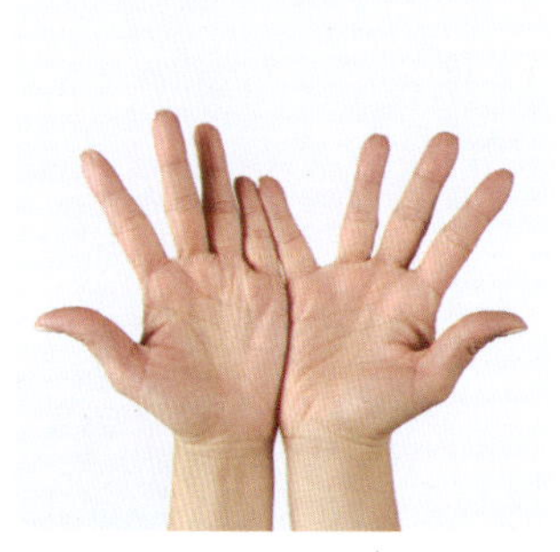

1. 双手展开，两个小拇指并在一起。

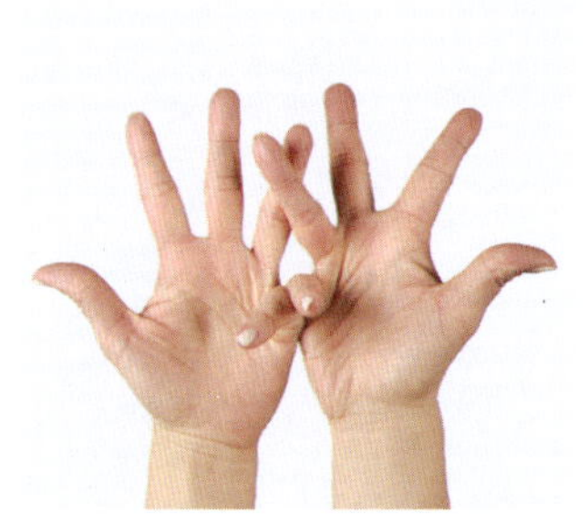

2. 双手小拇指向下弯曲，右手无名指在前与左手无名指交叉。

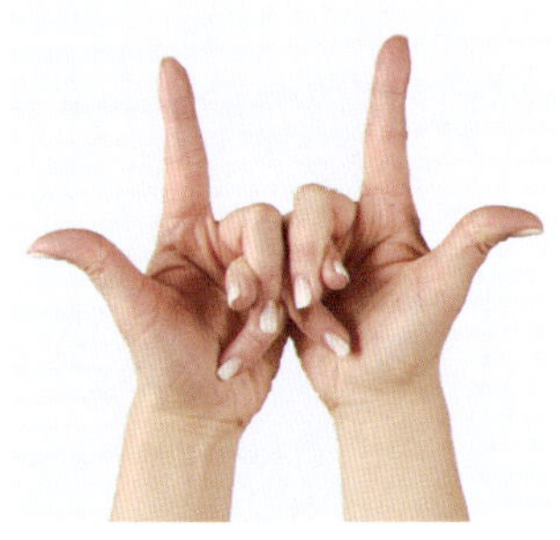

3. 左右中指顺势向下勾住同侧无名指。

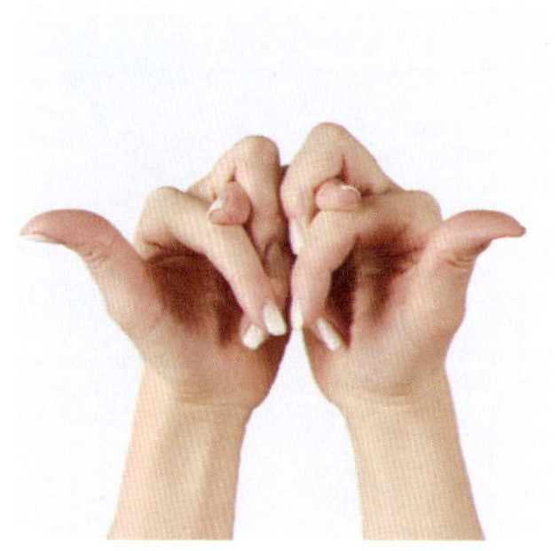

4. 左右食指分别放在同侧无名指下面。

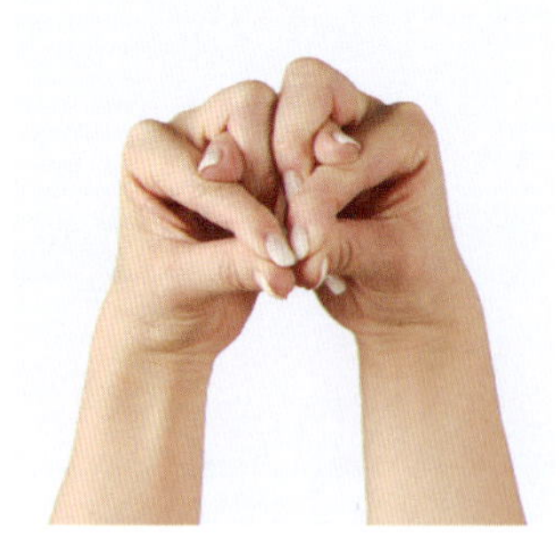

5. 左右食指、大拇指指尖聚拢。

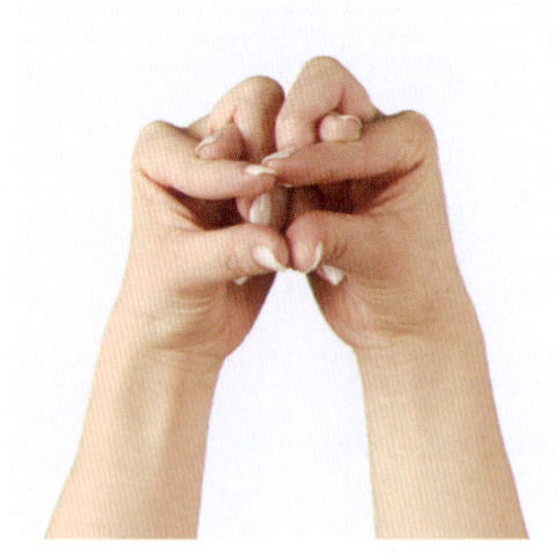

6. 上下开合食指和大拇指指尖，就像青蛙开口“呱呱”叫。

第 12 周

营养胎教：胎宝宝甲状腺发育，注意补碘

胎宝宝心声 妈妈，我的甲状腺开始发育了，如果您缺碘，会影响我的大脑发育，拜托了。

碘是甲状腺素的组成成分，是维持人体正常发育不可缺少的元素，对胎儿、新生儿、儿童和成人都可能产生影响。胎儿期如果缺碘，会导致大脑发育不全，还可能引起克汀病（呆小症），而这种损害现在是无法逆转的。

孕期女性推荐每天摄入 230 克碘，适量的碘摄入对维持母胎体内碘平衡有决定性作用，但过量摄入也存在一定的危害，可能会导致孕妈妈高碘性甲状腺疾病，继而导致甲状腺功能减退。一般情况下，均衡饮食，每周吃 2~3 次海带、紫菜等都能满足身体对碘的需求。

海产品是补碘好来源

海产品的含碘量很高，如海带、紫菜、海鱼、干贝、海参、海蜇等，其次是蛋、奶含碘量相对较高，然后是肉类，植物性食物含碘最低。对于素食孕妈妈，不吃动物性食物，则应注意通过食用海带等海产品来补碘。

胡萝卜炒海带丝

材料 胡萝卜、水发海带各 100 克，青椒 50 克。

调料 葱花、蒜片、酱油各 3 克，醋、盐各适量。

做法

1. 胡萝卜洗净，切丝；海带洗净，切丝；青椒洗净，去蒂，切丝。
2. 锅置火上，倒入植物油烧至六成热，下入蒜片、葱花爆香，放入胡萝卜丝、海带丝炒至七成熟，放入青椒丝炒至熟，最后加入醋、盐和酱油，炒匀即可。

阅读胎教：《三字经》节选

孕妈妈说

宝贝，今天我们读《三字经》，这可是老祖宗留下来的经典、朗朗上口，寓意深远。爸爸妈妈小时候都是熟记《三字经》的。

人之初，性本善。
性相近，习相远。

释义 人生下来的时候都是善良的，只是由于成长过程中，后天的学习环境不一样，性情也就有了很大的不同。

苟不教，性乃迁。
教之道，贵以专。

释义 如果不好好教育孩子，善良的本性就会变坏。为了使人不变坏，最重要的方法就是要专心致志地教育孩子。

昔孟母，择邻处。
子不学，断机杼。

释义 战国时，孟子的母亲曾三次搬家，是为了使孟子有个好的学习环境。一次孟子逃学，孟母就折断织布的机杼来教子。

窦燕山，有义方。
教五子，名俱扬。

释义 五代时，燕山人窦禹钧教育儿子很有方法，他教育的五个儿子都很有成就，同时科举成名。

养不教，父之过。
教不严，师之惰。

释义 仅仅是供养儿女吃穿，而不好好教育，是父母的过错。只是教育，但不严格要求就是老师很懒了。

子不学，非所宜。
幼不学，老何为。

释义 小孩子不肯好好学习，是很不应该的。一个人倘若小时候不好好学习，到老了既不懂做人的道理，又无知识，能有什么用呢？

美育胎教：《睡莲》之一

孕妈妈说

宝贝，今天我们来欣赏莫奈的名画《睡莲》系列之一。睡莲是一种长在水里的植物，大画家莫奈以睡莲为其意象世界的建构基础，在作品中呈现独特的审美意蕴。

莫奈以《睡莲》为主题的作品总共有181幅，是印象派的代表作之一。作品的光线、色彩富有活力，色彩看似随意，实际上是符合光影规律的，可以看出莫奈对光和色彩的专注远远超过对物体形象的关注，能让人感悟到光与自然浑然一体。

准爸爸胎教：讲几个笑话给宝贝和妈妈

准爸爸在胎教中的作用很关键，不仅要和胎宝宝互动，还要做好孕妈妈的心灵导师，让孕妈妈保持愉快的心情。孕妈妈开心，胎宝宝才开心。

现在，请准爸爸讲几个小笑话吧，全家一起笑哈哈。

不想下雨

儿子："爸爸，为什么会下雨？"

爸爸："因为水蒸气太多了，它们聚集形成了雨。"

儿子："可我不想下雨。"

爸爸："这是自然现象，我们也没办法。"

儿子："我有办法，找一个很长的梯子靠在树上，我爬上去关掉开关就好了"

北极探险家

比尔："爸爸，我长大了要当一名北极探险家。"

爸爸："好极了，比尔。"

比尔："可是我想立刻开始训练自己。"

爸爸："怎么个训练法？"

比尔："我每天都吃冰激凌，这样我将来就能适应北极的寒冷了。"

3个角

数学课上打瞌睡，被老师叫醒后提问：正方形4个角切去1个角，还剩几个角？我想都没想说3个。老师和同学都笑了，几秒后我问他们笑好了没有，然后走上讲台，在黑板上画了一个四边形，然后画了一条对角线。

Part 2

孕中期，
建立亲密的亲子关系

孕4月 温和地与胎宝宝互动

很少用充满童真的语言交流

好遗憾呀

宝妈：我和老公都属于比较内敛的性格。我怀孕产检的时候经常看到别的准爸妈们跟肚子里的宝宝说话，充满童真，很亲昵。可是我和老公很少这样做，可能是我们大人就不是开朗的性格导致的吧。

只要是充满爱的语言，胎宝宝都能感受到

不留遗憾

马大夫：爸爸妈妈的爱就是最好的胎教，可以不用充满童真的语言，只要是充满爱，孩子都感受得到。虽然胎宝宝并不理解孕妈妈或准爸爸的谈话内容，但能够对温柔、生动、充满爱的语言，做出正向反应，对嘈杂、争吵做出抵抗。

孕期总发脾气

好遗憾呀

宝妈：我怀孕的时候，总是很敏感，爱生气，无缘无故担心这个担心那个，自己吓自己，也经常对老公无缘无故发脾气，自己控制不了。不知道这样是不是给了孩子不好的胎教。

孕期好心情，准爸爸和孕妈妈一起努力

不留遗憾

马大夫：孕期任何一种胎教形式的目的都是让孕妈妈保持快乐的心情，这样才能给宝宝提供优生优育的条件。孕期往往容易情绪起伏，这时就需要准爸爸和孕妈妈一起克服。了解心情变差的理由，有针对性地解决，只要是有助于卸下心理负担的方式，都值得尝试。

能分辨出是男孩女孩了

泌尿系统 膀胱功能已逐渐增强，常有排泄小便的行为。

生殖系统 能够分辨出性别，男宝宝的外生殖器已凸出，女宝宝卵巢开始形成。

头部 头上发旋的位置与纹路也开始形成。

躯干 身体内外的构造更加完整，部分胎宝宝开始有胎动了。

子宫像柚子那么大了

- 多数孕妈妈的食欲大开了，口味也会发生一些变化，可能孕前不喜欢吃的东西现在一下子想吃了。
- 子宫已经有柚子那么大，妊娠反应逐渐消失，可能会出现白带增多、腹部沉重感、尿频等情况，妊娠斑也越发明显。
- 胎盘的发育完成，流产的可能性会大大减少，现在是较舒服的孕中期了。

本月所需关键营养

供应充足的蛋白质

- 胎宝宝的生长速度比前三个月加快，需要增加蛋白质摄入量来构建骨骼和组织细胞。
- 瘦畜肉、鱼、蛋、奶和去皮禽肉等。

避免碘不足

- 这个月胎宝宝的甲状腺继续发育，需要供给充足的碘。
- 碘盐、海带、虾等海产品。

增加 DHA

- 孕中期是胎宝宝大脑发育高峰期，DHA 对大脑发育特别重要。
- 核桃、三文鱼、带鱼、橄榄油等。

第 13 周

情绪胎教：减少担心

这个月，孕妈妈的腹部已经明显地隆起了，并且通过胎心仪能听到胎宝宝的心跳声，有的孕妈妈都能感觉到胎动了（这只是一小部分，在 13 周没感到胎动也不必着急）。孕妈妈与胎宝宝的亲密感逐渐增强。孕妈妈开始意识到胎宝宝是身体的一部分了，责任感油然而生。

担心胎儿畸形

可能因为太在乎胎宝宝是不是健康，很多孕妈妈反而会胡思乱想，担心宝宝会不会有出生缺陷，会不会畸形……各种各样的小事都会让你联想到胎宝宝，忧心忡忡。到孕 15~20 周，孕妈妈还会迎来唐氏综合征的产前筛查，结果未出来前也会让很多孕妈妈增加心理负担，左担心右担心。

其实胎儿畸形的概率很低，只要按照医生的嘱咐，按时做产检，及时知晓宝宝每个阶段的发育状况，就能及时发现问题。而且心理暗示的作用是很强大的，孕妈妈想要生个身心健康的孩子，对胎宝宝，一定要给予愉快的、积极的暗示，不要怀疑和担心，否则会影响胎宝宝的身心健康。

担心体形无法恢复

进入孕中期，进入了胎宝宝的生长加速期，孕妈妈的体重增长比较明显，很多孕妈妈会担心体重在生完宝宝之后不能恢复。其实怀孕期间只要保持营养均衡、适当运动，使体重在合理范围内增长，产后恢复一点儿都不难。

经常担心和紧张，会降低免疫力

孕妈妈如果经常处于担心和焦虑的心理状态下，自身免疫力会相对下降，人就容易感染疾病，这对母胎健康都非常不利。

营养胎教：补充孕早期的营养不足

胎宝宝心声

妈妈，我开始加速成长了，您一定要多吃一点儿啊！

进入孕4月，胎宝宝的生长发育增快，特别是大脑发育，不仅重量增加，脑细胞的数量也迅速增加，需要增加有利于大脑发育的营养物质。内脏系统开始分化，胎宝宝各系统功能的加强，使母体负担加重，孕妈妈需求和消耗增加。

经历了孕早期的呕吐、食欲不好，进入孕中期，妊娠反应减轻，孕妈妈的食欲逐渐好转。此时胎宝宝发育迅速，正是纠正、调整和补充营养的最佳时期，应该结合孕中期所需的热量标准、自身的具体情况和胎儿的发育状况，补充各种所需的营养，缺什么补什么，缺多少补多少，避免营养缺乏。但也要防止营养过剩，不要盲目乱补，以免导致过胖、产后瘦身困难。

孕中期每天增加300千卡热量，蛋白质增至每天70克

大多数孕妈妈的早孕反应结束了，胃口已经恢复，孕妈妈要规划好营养均衡的餐谱，并做好体重规划。同时，为了胎宝宝的成长，孕妈妈需适当增加热量，中国营养学会推荐孕妈妈在孕中期每天增加300千卡的热量。300千卡热量并不需要多吃很多，大概只相当于200克牛奶加上50克瘦畜肉。

从孕中期开始，母体和胎儿组织增长加速，还要为分娩和产后分泌乳汁进行适当储备能量，应增加蛋白质的摄入量。每天比孕早期增加15克，总量达到70克，其中优质蛋白质应占全部蛋白质的一半以上，相当于200克鱼肉加100克瘦牛肉加1个鸡蛋再加1盒牛奶。优质蛋白质主要来自瘦畜肉、蛋类、鱼、虾、大豆及其豆制品。

大豆及其制品	鱼、肉类	蛋类	奶及奶制品
黄豆、黑豆、青豆、豆腐、腐竹等	瘦畜肉，去皮禽肉，各类鱼、虾	鸡蛋、鸭蛋、鹌鹑蛋	牛奶、奶酪、酸奶

运动胎教：树式瑜伽

树式瑜伽可以增强孕妈妈的平衡感，使孕妈妈更适应妊娠生活，还能帮助拉伸四肢肌肉，促进血液循环，增强脚腕的力量。

1

孕妈妈呈站姿，双腿并立，双手于胸前合十。

2

将重心放于右脚上，然后慢慢抬起左脚，放于右大腿膝盖处（也可以到达根部），呈单腿站立状。

3

保持单腿站立状，注意身体平衡，挺胸，直背，双手慢慢向头顶举起，至双臂伸直。

4

保恢复站立状态，两腿交换，换成重心放在左脚上，右脚放在左腿上，做同样的动作。

阅读胎教：《二十四节气歌》

孕妈妈说

宝贝，一年就是 365 天或 366 天。这 365 天可分为 24 个节气。今天我们就来一起读读《二十四节气歌》吧。

二十四节气歌

春雨惊春清谷天，夏满芒夏暑相连。
秋处露秋寒霜降，冬雪雪冬小大寒。
每月两节不变更，最多相差一两天。
上半年逢六廿一，下半年逢八廿三。

解读

二十四节气分别是立春、雨水、惊蛰、春分、清明 、谷雨、立夏、小满、芒种、夏至、小暑、大暑、立秋、处暑、白露、秋分、寒露、霜降、立冬、小雪、大雪、冬至、小寒、大寒。一个月里包含两个节气，通常上半年逢 6 日、21 日是节气，下半年逢 8 日、23 日是节气，也可能会相差一两天。

手工胎教：折百合花

孕妈妈说

宝贝，今天我要折一朵漂亮的百合花。等你出生后，长大了，我们就一起折很多很多。

折百合花的步骤

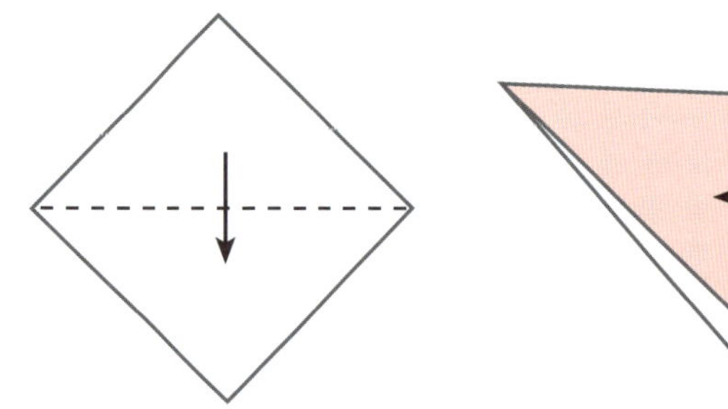

1. 将正方形的纸对角折。

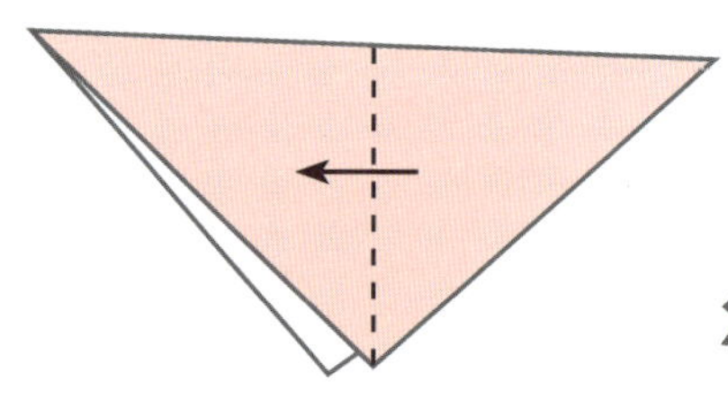

2. 再对角折。

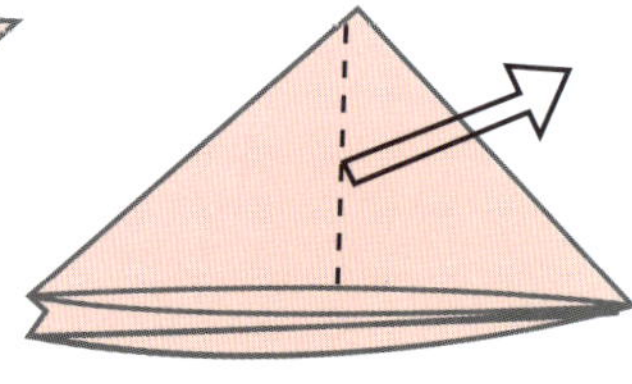

3. 拉开上层袋子。

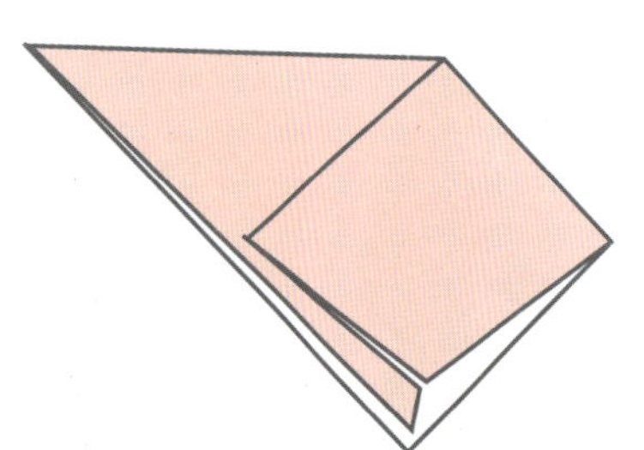

4. 背面折法相同。

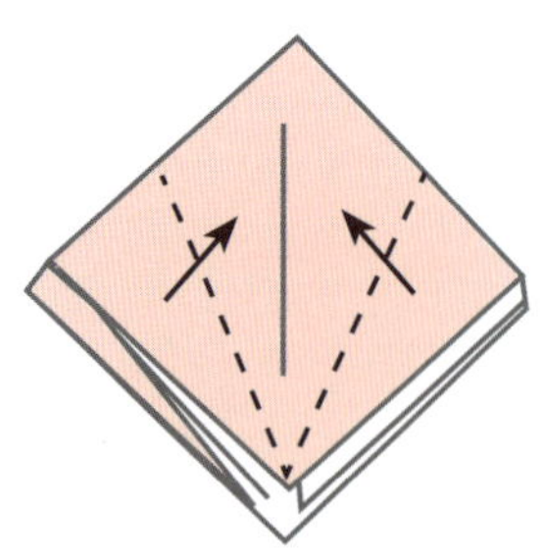

5. 集中一角折，背面相同。

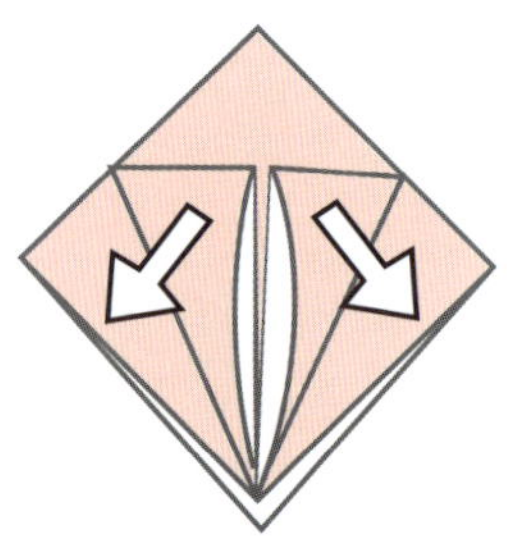

6. 打开，背面相同。

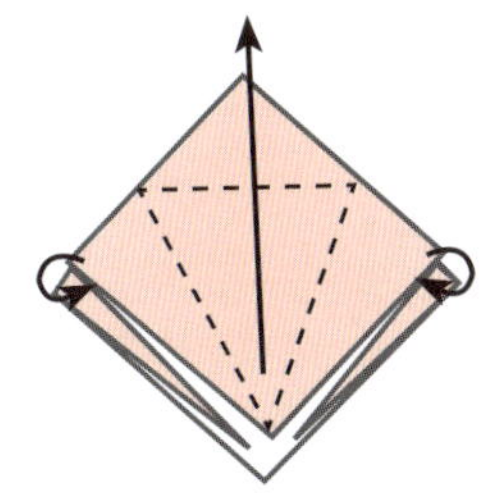

7. 按照折痕，打开袋子向上拉，左右两边向中心线折。

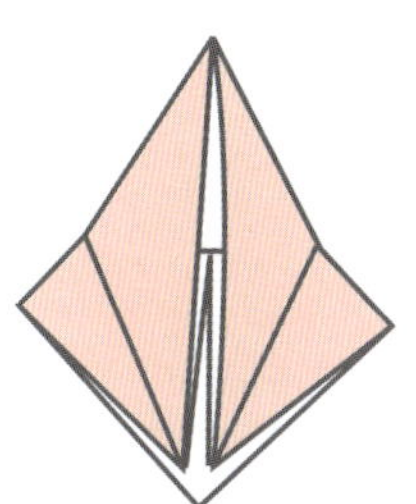

8. 背面折法相同。

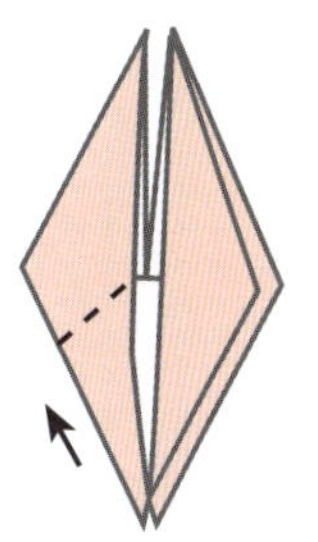

9. 完成双棱形。

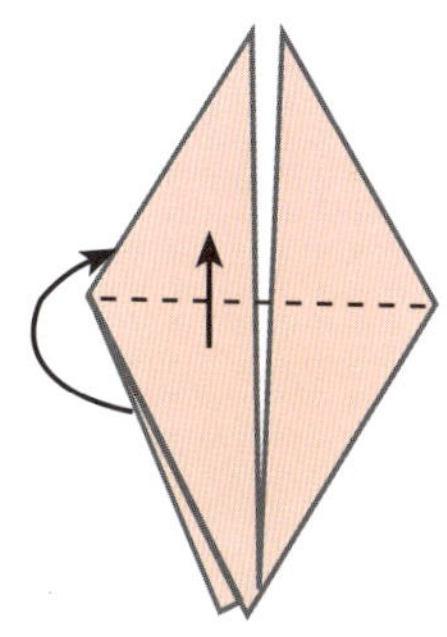

10. 将双棱形下面的两角向上折。

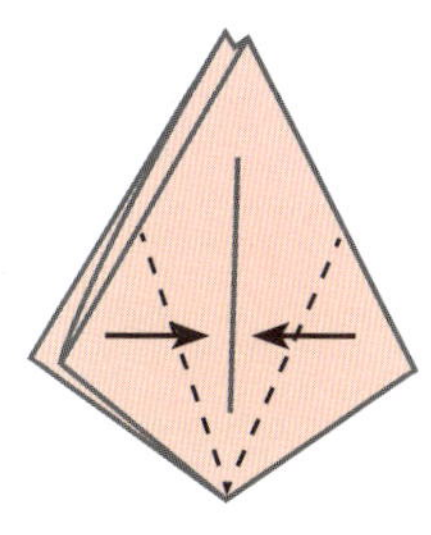

11. 两侧沿着虚线向中心折。

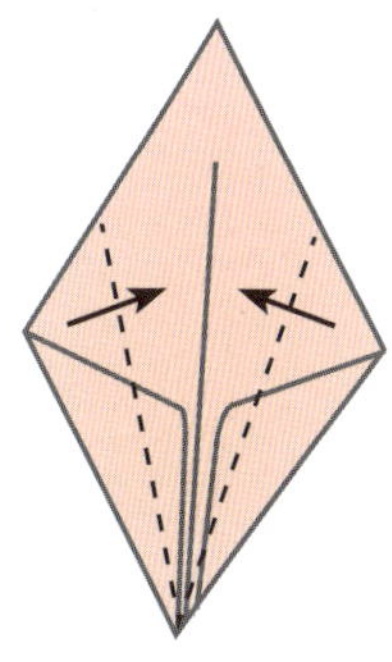

12. 再向中心线折。

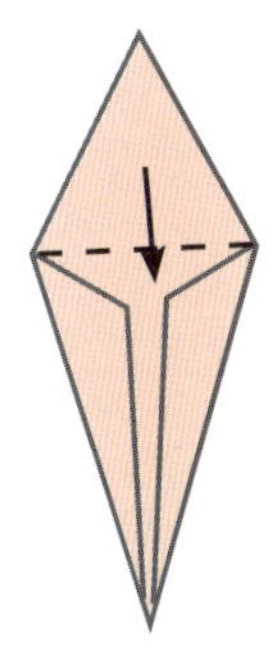

13. 向下折，其他三片也一样。

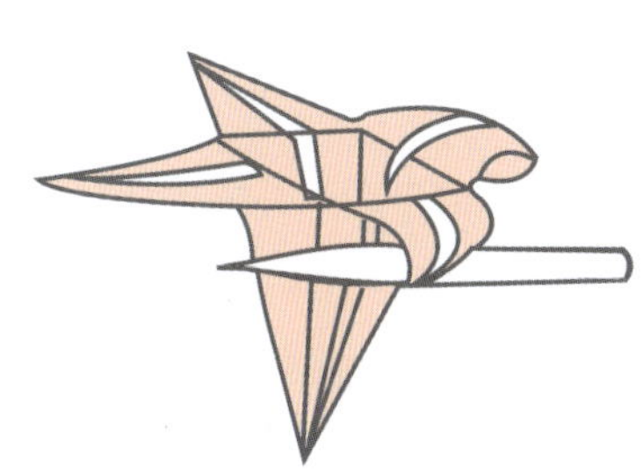

14. 把花瓣尖端用笔卷一卷。

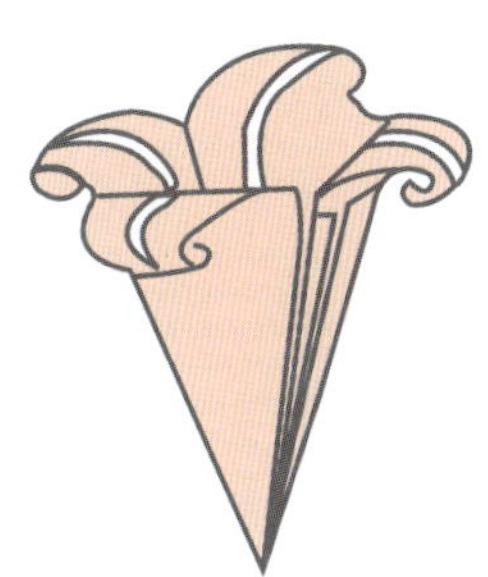

15. 完成。

第 14 周

营养胎教：增加食材种类，确保营养均衡

胎宝宝心声

妈妈，我需要多种多样的营养才能长好骨骼和大脑，所以您要吃的食材种类丰富一些。

孕妈妈需要的既不是过度摄取热量，也不是偏重某一种营养，而是均衡营养。孕妈妈饮食种类越多越好，可确保膳食结构的合理性和营养的均衡性，避免饮食单一对母体和胎儿的不利影响。每天不重复的食物种类应该达到 12 种以上，如果每天进食有难度，也可以每周为单位，每周达到至少 25 种。

孕中期每日食物构成

谷类、薯类及杂豆 250~400 克

蔬菜 400~500 克（绿叶蔬菜占 2/3）

水果 200~350 克

鱼、蛋、畜禽肉 170~250 克

大豆类及坚果 25~35 克

奶及奶制品 300~500 克

巧搭配、常换样

食材要巧搭配，常换样，一天下来要尽量达到荤素搭配、多种颜色搭配、粗细搭配。再好的食物也不能总吃一种，比如鸡肉虽富含优质蛋白质、脂肪含量低，热量也低，但是不饱和脂肪酸、铁元素含量不高，所以要和鱼肉、牛羊肉、猪瘦肉等交替来吃。再比如菠菜属于高膳食纤维、高叶绿素食物，也不能只吃菠菜，要搭配其他蔬菜，如芹菜、白菜、萝卜、油菜、芦笋等。

运动胎教：有氧操

孕妈妈多做做轻松的有氧操，能帮助消耗热量，还有助于缓解紧张的情绪。如果在感觉舒适的情况下做到微微出汗，更是有利于自身健康和胎宝宝的发育。

1 双腿与肩同宽，双臂上抬至肩膀，上身朝左右转动各3次。

2 手臂向后伸展，上身弯曲，尽力与地面平行，尽量抬起头，保持5~10秒。

3 双脚用力分开，蹲下，双手抓住跟腱处，保持3~5秒。

4 两脚分开，双腿尽量伸直（但不要勉强），双手抓住两脚踝，保持5~10秒。

阅读胎教：《老爷爷和小鸟的故事》

爸爸说

宝贝，今天由爸爸给你读一个关于爱心的故事。妈妈也陪着我们认真听呢。

冬天到了，北风呼呼地吹着，天好冷啊。有一只小鸟落在树枝上被冻得哆哆嗦嗦的，真可怜！

一位老爷爷走过来，看见小鸟，说："小鸟啊，这么冷的天，你要再不回家，会冻死的。"

小鸟抬起灰暗的小眼睛说："呜呜，风把鸟窝吹走了，我……我没有家了。"老爷爷说："别着急，我来帮你想办法。"老爷爷就用自己的帽子给小鸟做了个鸟窝。

老爷爷的帽子真暖和啊！小鸟在帽子一角选好了自己的房间后，心想：树林里还有许多怕冷的小鸟，它们一定也冷得发抖了，我要把它们也叫来。

小鸟们听到小鸟的呼唤，都飞进了老爷爷的帽子里。哇，这下暖和多啦！它们非常感谢老爷爷，高兴地唱歌给老爷爷听。

后来，老爷爷天天来看小鸟，听小鸟唱歌，小鸟们非常高兴。

可是，有一天，老爷爷没有来。原来，老爷爷病了。小鸟们知道后很伤心，决定用自己身上的羽毛做成一顶非常漂亮的帽子送给老爷爷。老爷爷看到小鸟们拿着帽子来了，从病床上坐起来，笑着说："谢谢你们，真是顶无与伦比的帽子！"没过几天，老爷爷的病就好了。

手工胎教：黏土制作小海马

孕妈妈说

宝贝，今天妈妈用黏土做一只可爱的小海马送给你。步骤有点多，要有耐心，一步一步做。

制作小海马的步骤

1. 粉色黏土揉成一个圆球。

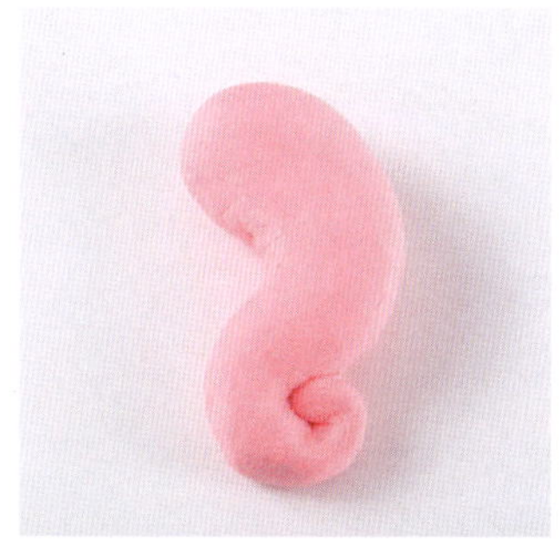

2. 将圆球搓成长水滴形，将尾部卷起。

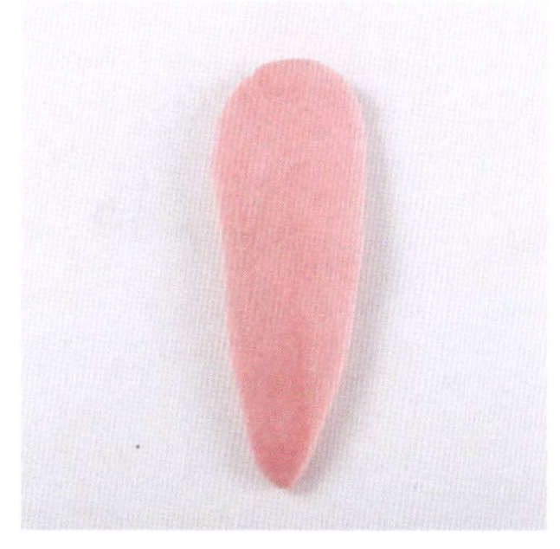

3. 再搓一个水滴形，压扁。

4. 将两个部分组合起来做海马的身体。

5. 搓一个圆球做海马的头，将身体和头黏起来。

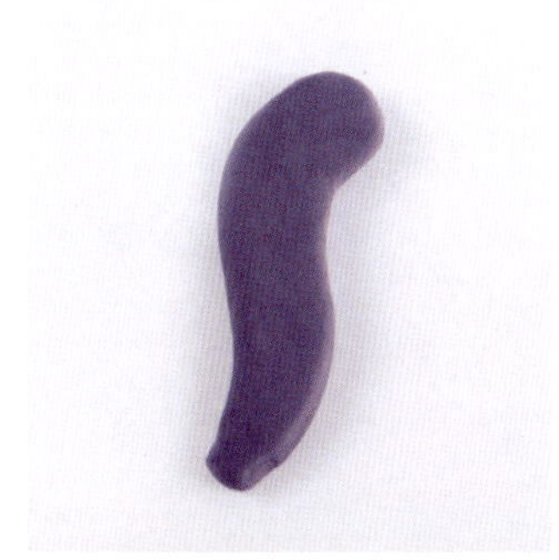

6.用紫色黏土揉成水滴形，压扁。

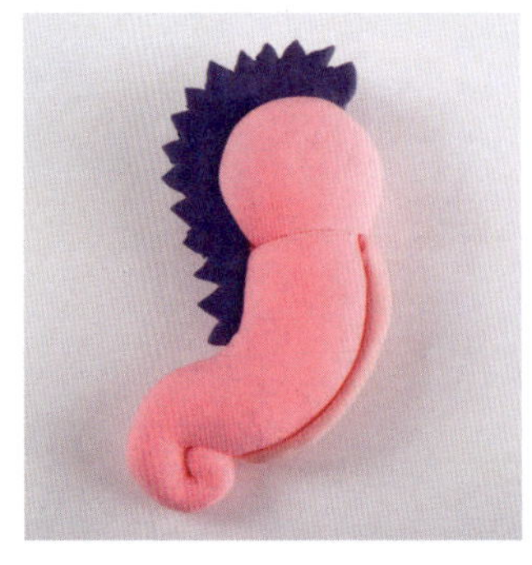

7. 黏到头部和身体上，并剪出花边。

8. 搓蓝色的水滴、压扁，用工具刀压痕，再搓四个白色的水滴并压扁，组合成扇形。

9. 将做好的扇形黏在海马身体上，花边处用浅紫色圆点装饰。

10. 搓一个粉色的小圆柱做嘴，搓一些紫色小细条装饰在肚子上。

11. 搓小白球和小黑球，组合成小海马的眼睛。

12. 搓几个白色小球黏在海马身体上，小海马做好了。

第15周

营养胎教：增加不饱和脂肪酸

胎宝宝心声

妈妈，您如果吃脂肪太少，就不利于维生素A等脂溶性维生素吸收，对我的大脑、视力等发育很不利，所以拜托您吃些脂肪。

脂肪有饱和脂肪酸、不饱和脂肪酸之分，不饱和脂肪酸中的亚油酸和 α－亚麻酸是人体必需脂肪酸，只能从食物中获取。其中，不饱和脂肪酸能对孕妈妈发挥有益作用，给予足够的体力支持，还有助于胎宝宝的大脑发育和神经系统的完善，能促进维生素 A 等脂溶性维生素的吸收，对视网膜的发育极有好处。

坏脂肪食物

饱和脂肪酸为主。
畜类脂肪：猪肉、牛肉、羊肉（此处主要指肥肉以及肥瘦相间的畜肉）等。
甜点：蛋糕、曲奇、饼干等。
油脂类：黄油、猪油等。

要少吃甚至不吃

好脂肪食物

不饱和脂肪酸为主。
禽类：鸡、鸭、鹅肉等。
鱼类：带鱼、鲫鱼、草鱼、三文鱼等。
植物油：橄榄油、亚麻子油等。

用这些食物来提供每天所需的脂肪量

① 食用油以植物油代替黄油、猪油等。
② 肉类多用白肉替换红肉。
③ 零食多用天然食物代替加工食品。

运动胎教：仰卧束角式

随着孕周的增加，孕妈妈肚子越来越大，很容易出现背部酸痛。做缓解背部肌肉的运动，不仅有助于孕妈妈顺利生产，而且能促进宝宝的生长发育。

1 先躺下找准道具位置，将一个抱枕纵向摆放，放置于背部下方，头部下垫一块瑜伽砖。

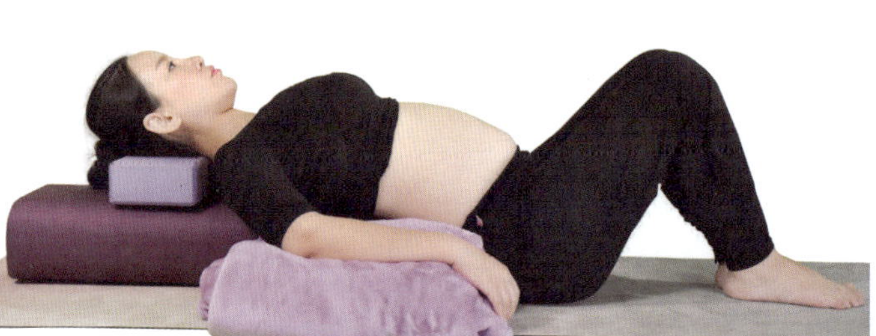

2 然后采取坐姿，脚心相对，将瑜伽带跨过腹股沟，套在双脚上，将脚跟拉近骨盆。然后手肘支撑身体向背后的抱枕躺下，头颈枕在瑜伽砖上，保持脊椎平稳放置，双手放在身体两侧。

3 保持姿势 30 ~ 50 秒，然后手肘支撑身体慢慢还原坐姿。

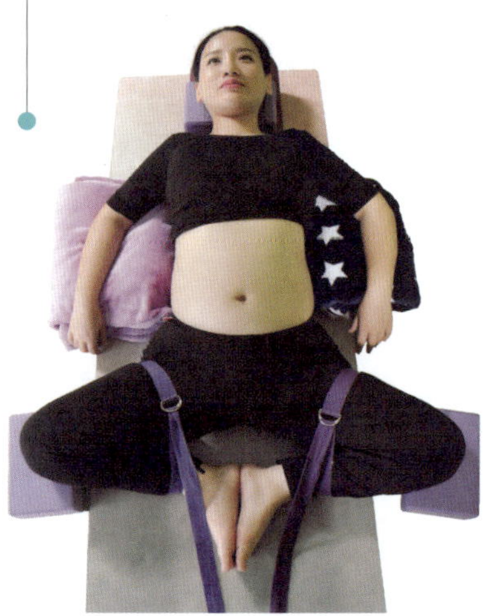

阅读胎教：《咏鹅》

孕妈妈说

宝贝，今天读一首《咏鹅》吧，这是唐朝诗人骆宾王7岁时创作的诗，希望你喜欢。

咏鹅

唐·骆宾王

鹅，鹅，鹅，曲项向天歌。
白毛浮绿水，红掌拨清波。

解读

一天，七岁的小骆宾王在池塘边玩。旁人见他很机灵，指着鹅让他写诗。这可没难倒小骆宾王，他当下创作了这首诗。

这首诗意思是：鹅，鹅，鹅，面向蓝天，弯着脖子唱歌。洁白的羽毛浮在绿色的水面上，红色的脚掌拨动着清清的池水。

阅读胎教：《春晓》

孕妈妈说

哈喽，小宝贝，在这寂静的晚上听到小虫子唱的小夜曲了吗？再听妈妈读首春天的诗，你一定觉得很幸福。

春晓

唐 · 孟浩然

春眠不觉晓，
处处闻啼鸟。
夜来风雨声，
花落知多少。

春天的早晨，天不知不觉亮了，叽叽喳喳的鸟鸣声，扰乱了我的酣眠。昨天夜里又是刮风又是下雨，花儿被吹落了不少吧？

宝贝，这首诗语言简单，意境优美，仿佛能让人听到鸟叫，看到花开。

美育胎教：《墨葡萄图》

今天，孕妈妈来欣赏这幅《墨葡萄图》吧。这是明代著名的书画家、文学家徐渭的作品。

这幅泼墨画，笔墨酣畅、布局奇特，茂盛的叶子以大块水墨点成，老藤错落低垂，串串果实挂在枝头，形象生动。此画的真迹收藏在北京故宫博物院。

音乐胎教：《仲夏夜之梦序曲》

《仲夏夜之梦序曲》是古典音乐的代表，创作者是门德尔松。整首曲子曲调明快、欢乐，就好像一个性格开朗、生活幸福的人在讲述生活的美好，能给孕妈妈带来欢快、愉悦的心情。

关于这首曲子

曲子的第一主题描绘了小精灵在月光下起舞的场景，第二主题表达的是情侣恋人之间的甜蜜情感。

第16周

营养胎教：选择健康零食

胎宝宝心声

妈妈，您饿肚子的时候我也不舒服，您多准备一些健康的零食，饿的时候就吃一点吧。这样我们都很开心。

孕中期，孕妈妈的饭量有所增加，很容易饿，不妨储备一些健康零食，尤其是在职孕妈妈更需要。在选择零食的时候，注意选择低脂、低糖、低盐的，还要选择营养丰富，含有叶酸、钙、铁、锌、不饱和脂肪酸和膳食纤维的零食。天然、新鲜、不含太多防腐剂的食物也是很好的选择。还要注意，零食的热量也要计入到全天总热量中。

健康的零食可以为孕妈妈补充营养，下面为孕妈妈推荐几样零食。

健康零食

低糖水果	可以提供丰富的维生素、矿物质和膳食纤维，能通便、润肤，如苹果、梨、柚子等
坚果	含有丰富的矿物质、不饱和脂肪酸。核桃、腰果等都是很好的选择，最好不要选择盐焗的，以免盐分摄入过多
酸奶	富含钙、蛋白质和膳食纤维，能促进肠道蠕动
麦片	富含碳水化合物和膳食纤维
海苔	富含碘、铁、锌及多种维生素，但含盐分较多，一次不要吃太多

避免吃过量甜食

甜食含有大量蔗糖、葡萄糖，比如巧克力、冰激凌、甜饮料、糕点等。吃了这些食品，糖分会很快被人体吸收，造成血糖不稳定或波动。长期食用这些食物还会导致肥胖，妊娠糖尿病的患病率也会增高。

运动胎教：仰卧侧抬腿式

仰卧侧抬腿动作可以锻炼孕妈妈大腿肌肉的力量，为顺产做准备。同时还能锻炼胸部和手臂，扩展肺活量，为胎宝宝创造更好的宫内环境。

1 仰卧，双腿伸直，双臂放在身体两侧，头颈下垫一块薄毯，双脚用一块瑜伽砖垫高。

2 吸气，抬右腿，将瑜伽带套在右脚上，右手握住瑜伽带两端，然后右腿向上伸直（尽量抬到与地面垂直），呼气，保持姿势 3~5 秒。

3 吸气，右手控制瑜伽带，慢慢屈膝至小腿与地面保持平行，保持姿势 3~5 秒。

4 呼气，右腿慢慢落在身体左侧，打开，保持 3~5 秒。松开瑜伽带，还原到步骤 1 姿势。休息 30 秒，换左腿重复动作。

音乐胎教：《维也纳森林的故事圆舞曲》

今天来听一听《维也纳森林的故事圆舞曲》吧。这支曲子表达了什么？那是一个晴朗的早晨，大森林如此宁静……听！是什么声音由远及近地传来？有鸟叫声、马蹄声、铃铛声……

什么时候听

在晴朗的早晨，阳光照进房间，孕妈妈打开音乐，一边听一边享受清晨温暖的日光，便会不自觉对肚子里的宝宝发出感慨："生活真美好啊！"

跟着曲子想象

这首乐曲由序奏、五个圆舞曲和尾声构成，用活泼轻快又优雅流畅的旋律描绘了优美的风景。孕妈妈听着乐曲便会在眼前呈现这样的画面：春天的早晨，晨曦透过浓雾照进维也纳森林，鸟儿婉转鸣叫，小河波光粼粼，画面色彩斑斓。人们吹起角笛，唱起牧歌，并随着旋律轻歌曼舞。欢乐的场面散发着浓浓的奥地利乡土气息。

关于这支曲子

奥地利首都维也纳的郊区有一片美丽的森林，它离城市不远，吸引了千千万万的游人。这片森林也是许多居住在维也纳的大作曲家们经常光顾的地方，森林的美景常常激起他们的创作灵感。这首曲子的作者小约翰·施特劳斯是地道的维也纳人，《维也纳森林的故事圆舞曲》就是他献给故乡的赞歌。

准爸爸胎教：陪妻子玩成语接龙

成语接龙是一个很有趣的游戏。准爸爸和孕妈妈玩这个游戏，场景非常欢快，还能开发胎宝宝的智力。下边的这组文字接龙游戏，试试看准爸爸接的又快又好，还是孕妈妈。

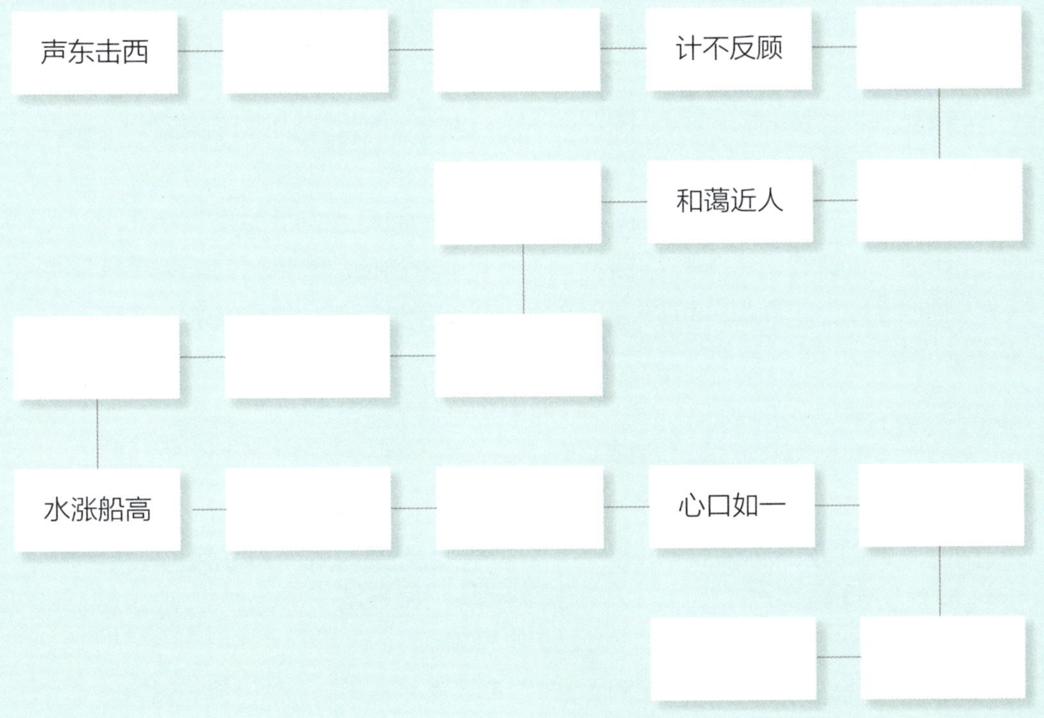

答案：

声东击西－西窗剪烛－烛照数计－计不反顾－顾此失彼－彼唱此和－和蔼近人－人自其身－身体力行－行云流水－水涨船高－高傲自大－大得人心－心口如一－一步登天－天下第一－一飞冲天

孕5月

用心体会和胎宝宝的心灵感应

做胎教时宝宝总没回应就没坚持

宝妈： 我大概怀孕 18 周的时候有了胎动。有胎动后我和老公也会大声读书做胎教，可是宝宝从来没有给过什么回应。后来我们觉得既然宝宝不给回应，大概是不喜欢，也就没有坚持了。

不要以胎儿是否回应当判断标准

马大夫： 胎教的过程其实就是母子感应的过程，需要有耐心、有爱心地坚持。胎动并不是判断胎教是否有效的唯一标准，胎儿对于外界刺激的反应是不同的，胎动只是其中的一种表达方式而已。胎动一般到 7 个月的时候最频繁，7 个月之前胎动并没有那么频繁，有的妈妈甚至感觉不到。

不敢做抚摸胎教，担心导致早产

宝妈： 都说孕期要经常摸摸肚子，就跟抚摸孩子是一样的。但我又看网上有很多例子说孕期乱摸肚子容易导致宫缩、早产，所以我生怕摸出问题来。老公会把耳朵贴过来听一听，也很少摸。

抚摸是很好的胎教，但要讲究方法

马大夫： 抚摸胎教能激发妈妈的母爱，也能让胎儿感受到爱，准爸妈们都可以通过抚摸胎教的方法来和胎宝宝沟通，但是一定要讲究方法，避免手法不当导致的脐带绕颈、胎位不正。建议从上至下、从左至右轻抚，时间不宜过长，每次 2~5 分钟即可。

有胎动了

大脑 仍在发育。

头发 长了一层细细的异于胎毛的头发。

眉毛 开始形成。

四肢 骨骼和肌肉发达，胳膊和腿不停地活动。

肚子明显变大

- 乳房不断增大，乳晕颜色继续加深。乳房分泌浅黄色液体，为哺乳做准备。
- 臀部更加丰满，外阴颜色加深。
- 子宫如成人头部大小，下腹部明显隆起。
- 子宫底的高度约与肚脐平。

本月所需关键营养

增加钙的摄入

- 胎宝宝的生长对钙的需求越来越多，要避免缺钙。
- 牛奶、奶酪、酸奶等奶和奶制品，虾皮、芝麻酱、大豆及其制品等。

避免缺锌

- 锌是宝宝大脑发育的必需营养素，孕中期极易缺乏，要注意补充。
- 牡蛎、扇贝、虾、深海鱼等海产品以及牛肉、坚果等。

补足B族维生素

- 参与体内热量代谢，可提高机体对蛋白质的利用率，促进胎宝宝生长发育。
- 粗粮、动物肝脏等。

第 17 周

抚摸胎教：最好的情感表达

准爸爸说

宝贝，现在你已经扎扎实实地在妈妈肚子里扎根了，妈妈说她能感受到你像小鱼吐泡泡一样在动，好激动！我们会经常摸摸妈妈的肚子向你问好，爸爸还喜欢把耳朵贴在肚子上听听你的动静。

此时孕妈妈和准爸爸轻轻拍打或抚摸孕妈妈的腹部，是对胎宝宝爱的表达，可以促进胎宝宝的神经系统发育。准爸爸还可以把耳朵贴在孕妈妈的肚皮上，听一听胎宝宝的“动静”。这种亲密的互动，可以促进准爸爸、孕妈妈及胎宝宝的情感交流。每次抚摸时间控制在 2~5 分钟较为合适，不宜过长。通过抚摸胎教逐渐了解胎儿的活动规律，要选择胎儿醒着时进行胎教。

抚摸胎教怎么做

1 **来回抚摸法：** 在腹部完全放松的状态下，孕妈妈或者准爸爸用手上下、左右来回轻抚。抚摸时动作要轻，时间不宜过长。在抚摸的时候可以想象是在抚摸孩子或者哄孩子睡觉，轻缓舒适为度。

2 **轻压拍打法：** 孕妈妈平卧，放松腹部；孕妈妈或准爸爸用手在腹部从上至下、从左至右抚摸，并用手指轻按，然后抬起；轻轻地按压和拍打腹部，给胎宝宝触觉刺激。慢慢地，胎宝宝可能会用打拳、踢腿的方式给予回应。

3 **游戏抚摸法：** 孕妈妈或者准爸爸先用手在腹部从上至下、从左至右，轻轻地、有节奏地抚摸和拍打，当胎宝宝给予回应时，再在胎宝宝给予反应的部位轻轻拍两下。一会儿胎宝宝就会再次给予回应，这时孕妈妈可以改拍离刚才拍打位置不远的地方，胎宝宝就会很快再次在拍打的位置给予回应。如此反复几次。

营养胎教：增加钙的摄入

胎宝宝心声

妈妈，现在开始我的牙齿和骨骼发育加速，要从您的身体里吸收很多钙，如果您缺钙很可能会腿抽筋。

到了孕中期，胎儿的骨骼和牙齿等发育需要钙的支持，孕妈妈对钙的需求量也增长为每天 1000 毫克。到出生时，胎宝宝的全部乳牙在牙床内形成。

孕妈妈怎么补钙

孕妈妈从食物中补钙，以奶及奶制品为最好，不仅含钙量高，而且吸收是最好的。孕中晚期每天都要喝 300~500 克牛奶，或与之相当的其他奶制品。同时要增加高钙食物的摄入，如大豆及其制品。此外，海带、坚果、芝麻酱、紫菜、某些绿叶菜中含钙也较多，都是孕期膳食补钙的好来源。

什么情况需要补钙片

孕早期时，钙每天需要 800 毫克，饮食均衡的孕妈妈一般可以获取足够的钙。但从孕中期起钙要达到每天 1000 毫克，单纯靠食物供给难度有点大，尤其是对于不喝奶、极少吃海产品的孕妈妈。这个时候可以在饮食补充的同时，补充钙剂，以免出现腿抽筋，引起或加重妊娠高血压和子痫。

红豆双皮奶

材料 牛奶 1 袋（240 克），熟红豆 20 克，蛋清 2 个。

调料 白糖适量。

做法

1. 蛋清中加入白糖搅拌均匀。
2. 牛奶用中火煮开，倒入碗中，放凉后表面会结成一层奶皮。将奶皮揭个口，牛奶慢慢倒进蛋清中，碗底留下奶皮。
3. 把蛋清牛奶混合物沿碗边缓缓倒进留有奶皮的碗中，奶皮会自动浮起来，蒙上保鲜膜，隔水蒸 15 分钟，关火闷 5 分钟。冷却后加上熟红豆即可。

运动胎教：半蹲练习、橡皮带操

孕 5 月，孕妈妈整体感觉比较舒适，孕肚隆起明显。多动一动，多呼吸新鲜的空气，有助于排出身体内的废物，增强身体的抗病能力。

半蹲练习

两脚自然分开，与肩同宽，手臂自然下垂放在身体的两侧，目视前方。吸气时，屈膝半蹲，手臂向前平举，呼气时还原，反复练习 10 次。

橡皮带操

1 将橡皮带放在瑜伽垫子或毯子上，盘腿坐在皮带上。双手握住橡皮带的两端，自然放在身体两侧。

2 吸气时，手臂向身体两侧平举，呼气时还原，反复练习 10 次。

阅读胎教：《我爱你，一直到月亮那里》

胎宝宝心声

亲爱的爸爸妈妈，我能听到外界的声音，是你们在对我说话吗？我爱动的时候会活动一下来回应你们！

月亮出来了，小宝贝要上床睡觉了。他紧紧地抱着爸爸的脖子不松手："爸爸，爸爸，听我说，你猜我有多爱你？"

"你有多爱我？"爸爸笑着问。

小宝贝听后将手抬高，抬到不能再高时说："我爱你，有这么高。不，比这还要高，高到够不到。"爸爸笑笑说："我爱你，也有这么高，高到够不到。"小宝贝想了想，爸爸的手臂比我长，举得比我高，岂不是说他爱得比我多。

小宝贝想了想，又有了好主意："爸爸，我爱你像我看到的那样远。"爸爸笑着说："是的，我爱你像我看到的那样远。"小宝贝说："我爱你，一直到窗外的柳树上，一直到远远的山边。"爸爸说："我爱你，越过了小山，越过了海洋，一直到海的那边。"

小宝贝想，我只到过山边，却没见过海边，海的那边一定非常非常远。到底怎么样，才能比爸爸爱得更多呢？小宝贝想着想着就困了，他望着窗外，越过了柳树枝，看到了天空中弯弯的月亮。哦，对呀，一定没有比月亮更远的东西了。

小宝贝慢慢地闭上了眼睛，马上就要睡着了，轻轻地说："爸爸，我爱你，一直到月亮那里。"

"一直到月亮那里，好远好远啊。"爸爸轻轻拍着小宝贝说："爸爸爱你，从这里到月亮那里，转个圈再回来。"

手工胎教：翻绳——小星星

孕妈妈说

爸爸妈妈小时候都玩过翻绳游戏。翻绳能让我们的手指很灵活，还能让小脑瓜更聪明。今天我们要翻一颗漂亮的小星星。

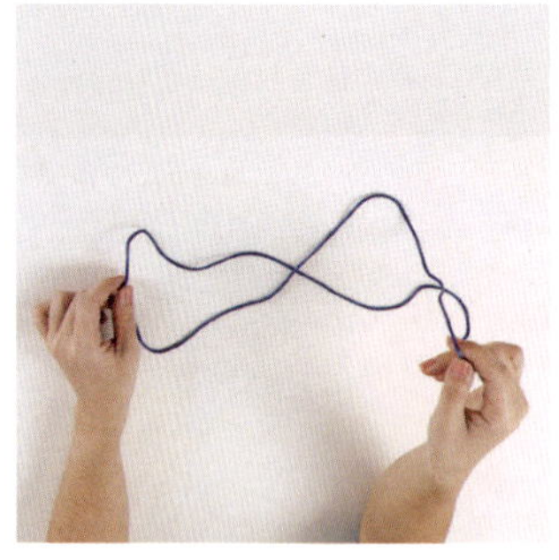

1. 将翻绳交叉成双层。

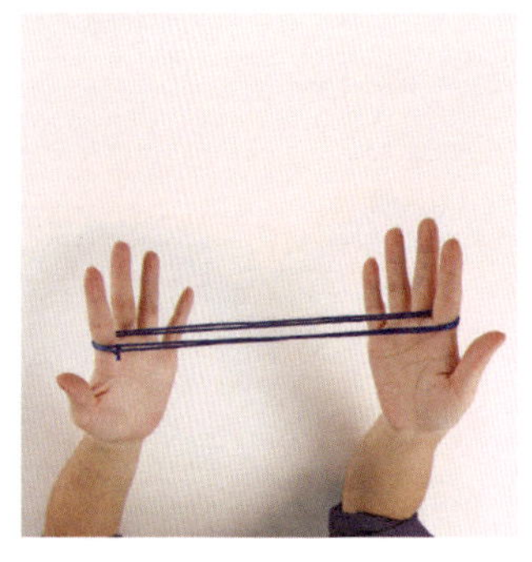

2. 将双层圆圈套在双手食指上。

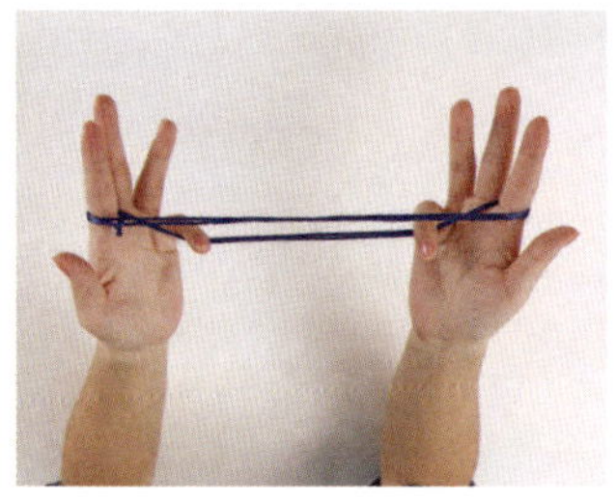

3. 用小指挑取对侧的绳子。

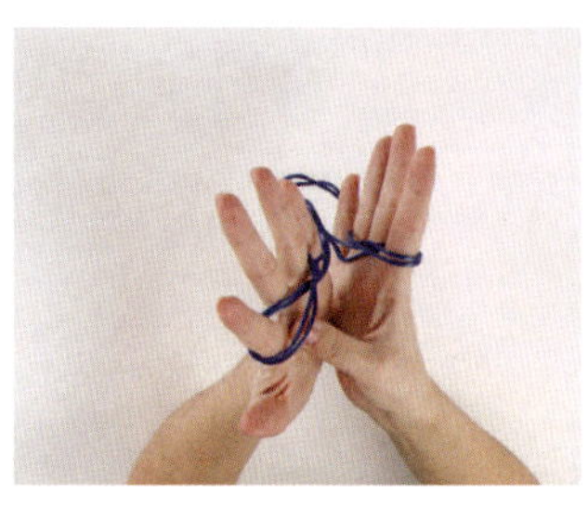

4. 用右手拇指挑取左手食指上的绳子。

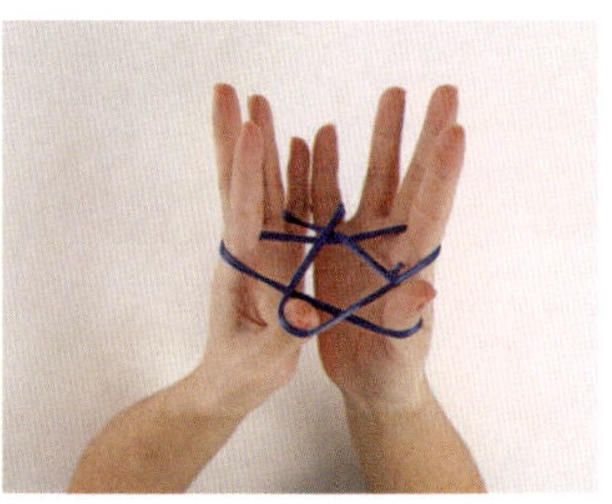

5. 同样的方法，左手拇指挑取右手食指上的绳子。

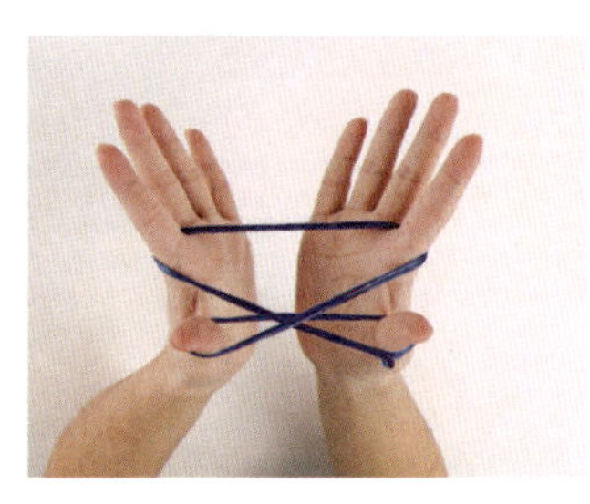

6. 小指上的绳子松开。

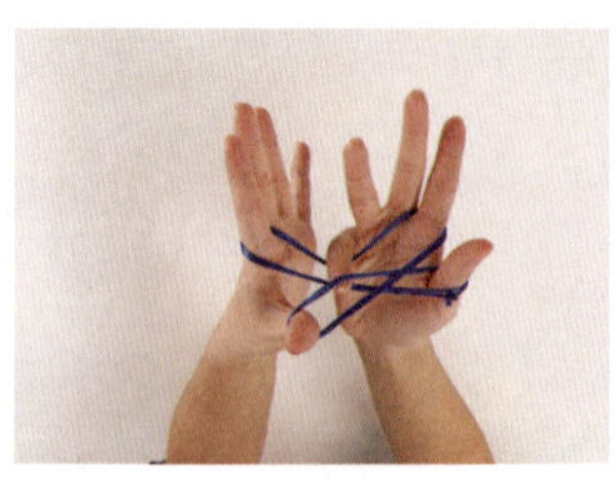

7. 用右手小指挑取对侧左手拇指内侧的绳子。

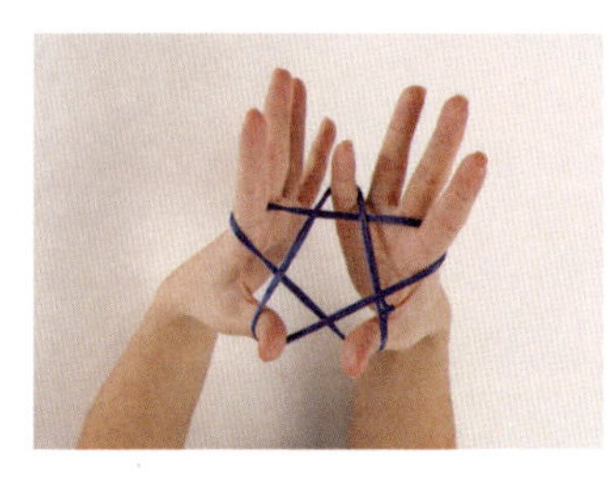

8. 小星星翻好了。

阅读胎教：《小熊过桥》

准爸爸说

爸爸妈妈小时候都喜欢《小熊过桥》这首儿歌，现在我们念给宝宝听，希望宝宝也像小熊一样，遇到困难不害怕，勇敢克服难题。

小竹桥，摇摇摇，
有只小熊来过桥。
走不稳，站不牢，
走到桥上心乱跳。
头上乌鸦哇哇叫，
桥下流水哗哗笑。

“妈妈，妈妈你来呀，
快把小熊抱过桥！”
河里鲤鱼跳出水，
对着小熊大声叫：
“小熊，小熊不要怕，
眼睛向着前面瞧！”

一二三，向前跑，
小熊过桥回头笑，
鲤鱼乐得尾巴摇。

美育胎教：《向日葵》

孕妈妈说

宝贝，来看幅画吧，我喜欢这明亮的色彩，希望你也喜欢。

梵·高是荷兰后印象派画家，也是表现主义的先驱。梵·高的《向日葵》是由绚丽的黄色系组合而成，那浓烈的黄色调是光明和希望的象征。在画中，每朵花如燃烧的火焰一般，让整幅画犹如燃遍画布的火焰，表现了画家的生命激情。

准爸爸胎教：带妻子和胎宝宝去旅行

准爸爸说

宝贝，妈妈的肚子不大不小，活动还算方便，爸爸妈妈决定来一次短途旅行，这会让妈妈很开心。等你出生后我们也要经常旅行，带你亲眼看看美丽的大自然。

旅行胎教的益处

怀孕后，由于身体激素的变化，孕妈妈非常容易产生不良情绪。孕中期身体活动还算方便，胎宝宝发育也比较稳定，这时期制订定一个短期旅行计划，能让孕妈妈放松心情，开阔眼界，还能促进夫妻感情。

孕妈妈心旷神怡，胎宝宝会大大受益，加上旅途中放松的状态和丰富的所见所闻，能促进胎儿大脑和神经系统发育，胎宝宝也会无比快乐。

如何在旅行中胎教

准爸爸最好选择空气清新、相对安静的场所作为旅行目的地，带着孕妈妈呼吸呼吸新鲜空气，悠闲地散散步。旅途过程中时刻关注孕妈妈的感受，对她加倍呵护，畅想一下孩子出生后的情景，让妻子和胎宝宝都感受到浓浓的爱。

准爸妈别忘了把自己所看到的美景、美物讲给胎宝宝听，也可以把所到的地名、趣闻告诉胎宝宝。喜欢记孕期笔记的准爸妈，还可以把这些体验和过程记录下来，作为胎宝宝出生后的礼物，也是一份珍藏的美好回忆。

第18周

情绪胎教：积极应对易怒与焦虑，避免孕期抑郁

有些孕妈妈在孕期会出现焦虑、爱哭泣和脾气暴躁的情况。时而担心宝宝的健康，时而忧虑各种准备工作，总是吃不好、睡不好，无法集中注意力；经常控制不住脾气，因为一件小事就会大发雷霆，越想克服越无法控制，反而更加烦闷。要积极应对这种情绪，避免孕期抑郁症的发生。

尽量使自己放松

放弃那种想要在宝宝出生以前把一切打点周全的想法，不要老是想着该给孩子准备这，准备那。有句老话是“车到山前必有路，船到桥头自然直”，这当然不是说不准备什么，只是不要过分焦虑。怀孕的时候要休息、放松，把身体保养好。没事时看看小说、听听音乐，出去到公园里走走，或者干脆美美地睡上一觉，都有利于放松心情。

多和丈夫交流

孕期虽然只有短短的10个月，却是每个女人最敏感的时期。这时夫妻之间需要沟通和理解，准爸爸不仅要在生活上悉心照顾妻子，更要在精神上开导和理解妻子。夫妻之间应及时沟通，共同面对未来的挑战。

将情绪表达出来

孕妈妈们一旦发现自己有抑郁倾向，一定要向爱人和朋友们说出来，明确地告诉他们你的感觉，把不良情绪表达出来。倾诉是最直接避免抑郁的方法，亲人朋友知道你的真实想法后，会给予必要的帮助。

进行积极治疗

如果做了种种努力，情况仍不见好转，或者发现自己已不能胜任日常工作和生活，或者发现有伤害自己和他人的冲动，应该立即寻求专业人士的帮助。以免病情延误，给自己和胎宝宝带来不良后果。有的孕妇害怕去见精神科专家，认为这会使自己与精神病挂上钩，其实完全不必担心，你要理智、客观地把它看作是保证自己和胎儿健康安全而采取的一项必要措施。

营养胎教：增加维生素A的摄入

胎宝宝心声

爸爸妈妈，我的视力越来越好了，已经可以感受到妈妈肚皮外面的光线了。

维生素 A 的重要性

维生素 A 与感受光线明暗强度的视紫红素的形成有着密切关系，对胎宝宝的视力发育起着至关重要的作用。在胎宝宝的成长过程中，维生素 A 还能维持胎宝宝骨骼的正常发育，以及生殖功能的发育，能促进蛋白质的生物合成和骨骼分化。

不同孕期维生素 A 的每日需求量

孕 1~3 月	700 微克
孕 4~7 月	770 微克
孕 8~10 月	770 微克

孕妈妈缺维生素 A 的危害

孕妈妈缺乏维生素 A，自身表现为皮肤、黏膜干燥，抵抗力下降，暗视力障碍。而胎宝宝皮肤系统、骨骼系统、生殖系统、免疫系统的生长发育也会受到影响。但不能过量摄入，长期过量摄入维生素 A 会引起维生素 A 中毒，可能导致胎宝宝畸形。

维生素 A 的两个补充方案

方案一：食用动物性食物

动物肝脏、动物血、肉类等，不但维生素 A 含量丰富，而且能直接被人体吸收，是维生素 A 的良好来源。

常见动物性食物中的维生素 A 含量（每 100 克可食用部分）	
羊肝	20972 微克
鸡肝	10414 微克
猪肝	4972 微克
鸡蛋	310 微克
猪瘦肉	44 微克

方案二：食用富含胡萝卜素的食物

胡萝卜素通过胃肠道内一些特殊酶的作用可以催化生成维生素 A，在红色、橙色、深绿色植物中广泛存在。所以西蓝花、胡萝卜、菠菜、南瓜、芒果等也是维生素 A 的重要来源。

常见植物性食物中的胡萝卜素含量（每 100 克可食用部分）	
西蓝花	7210 微克
胡萝卜	4107 微克
豌豆苗	2667 微克
茴香	2410 微克
小白菜	1853 微克
韭菜	1410 微克

胡萝卜素血症

胡萝卜素血症是富含胡萝卜素的食物摄入过多而引起的。胡萝卜素摄入过多一般不会导致维生素 A 过多，但可使血中胡萝卜素水平增高，导致黄色素沉积在皮肤和皮下组织而出现黄染，停止摄入后 2~6 周可自动缓解。孕妈妈要避免此类情况的发生。

如何促进胡萝卜素吸收后转化成维生素 A

富含胡萝卜素的食物需要热吃，或和其他含有油脂的食物一起吃。这样才可以更好地吸收胡萝卜素，比如胡萝卜用油炒着吃、与肉类搭配吃，能大大提高胡萝卜素的吸收。

胡萝卜  **植物油 / 肉类**

与富含脂肪的食物一起吃，能促进胡萝卜中的胡萝卜素转化成维生素 A 的吸收。

西蓝花  **橄榄油**

西蓝花富含胡萝卜素，能在体内转化成维生素 A；橄榄油富含脂肪、维生素 E，促进维生素 A 的吸收。

胡萝卜  **扇贝**

扇贝富含锌，可以促进胡萝卜中的胡萝卜素更好地被吸收，在体内转化成维生素 A。

运动胎教：下颌画圈

随着月份越来越大，孕妈妈颈椎不适感越来越明显，尤其是职场孕妈，平时要注意多做锻炼颈椎的运动，帮助改善颈椎不适。

这个练习可以帮助孕妈锻炼颈部肌肉和骨骼，改善颈椎酸痛等不适，预防颈椎变形；同时促进头颈部的血液循环，预防和改善孕期头痛等不适。

做这套动作时，孕妈妈也可以直接按上、下、左、右的顺序来扭动脖子。

另外，孕妈妈可以配合着动作，一边做，一边给胎宝宝解说，多角度刺激胎宝宝的感官。

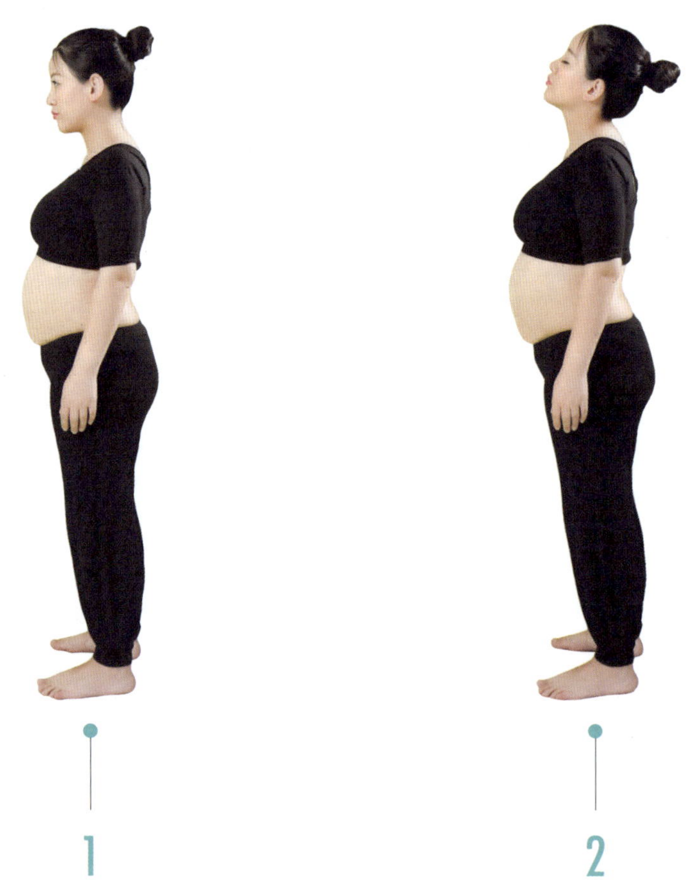

1

孕妈妈取坐姿或站姿，肩背挺直，双手自然下垂，伸展颈椎，两眼向前平视。

2

下颌向前探出，以下颌为基点，按顺时针方向转圈，转出时吸气，转回时呼气，共转 5 ~ 10 圈。

阅读胎教：《再别康桥》

孕妈妈说

亲爱的宝宝，今天我们来欣赏徐志摩的《再别康桥》。这首诗歌虽然描写的是作者与母校（剑桥大学）的离别，但诗中所体现的意境却美得令人心醉。

轻轻的我走了，
正如我轻轻的来；
我轻轻的招手，
作别西天的云彩。
那河畔的金柳，
是夕阳中的新娘，
波光里的艳影，
在我的心头荡漾。
软泥上的青荇，
油油的在水底招摇；
在康河的柔波里，
我甘心做一条水草！
那榆阴下的一潭，
不是清泉，是天上虹；
揉碎在浮藻间，
沉淀着彩虹似的梦。
寻梦？撑一支长篙，
向青草更青处漫溯，
满载一船星辉，
在星辉斑斓里放歌。
但我不能放歌，
悄悄是别离的笙箫；
夏虫也为我沉默，
沉默是今晚的康桥！
悄悄的我走了，
正如我悄悄的来；
我挥一挥衣袖，
不带走一片云彩。

手工胎教：晴天娃娃

孕妈妈说

亲爱的宝贝，妈妈现在要做一个晴天娃娃，挂在窗前，让它和妈妈一起等待你的到来。

1. 把棉布铺平，将乒乓球放在棉布中心。
2. 接着把乒乓球包紧，用线穿过“头部”底端的褶皱系好。
3. 最后用画笔勾画出眼睛、嘴巴。好了！

音乐胎教：《小狗圆舞曲》

跟随小狗一起跳舞

这首乐曲欢快流畅，全曲为简单的三段体。

在四小节序奏后，主旋律以反复回转的形成出现，其速度之快令人目不暇接，表现的正是小狗飞快旋转追逐作者的样子。这段曲调健康活泼、诙谐有趣，把小狗的神态呈现在听众面前。接着是优美抒情的圆舞曲主题，甜美而徐缓，好像小狗奔跑了一段时间，躺下来休息片刻，悠然自得，懒散舒适。最后又是快速的音型，就像小狗休息之后又开始玩追逐尾巴的游戏，一直到乐曲结束。

关于这首曲子

传说，这首乐曲是肖邦在朋友家，看到了一只可爱的小狗，即兴创作出来的。他的朋友喂养着一只非常可爱的小狗，这只小狗总是追得肖邦团团转。朋友就要求肖邦把“小狗打转”的情景表现在音乐上，于是有了这首乐曲。肖邦在很短的瞬间就完成了创作，因此这首乐曲又被称为《瞬间圆舞曲》或《一分钟圆舞曲》。

美育胎教：《荷花蝌蚪图》

孕妈妈说

亲爱的宝宝，今天我们欣赏一幅齐白石老人的《荷花蝌蚪图》。这幅画构图极其简单，一枝江荷，数尾蝌蚪，水波荡漾，趣味无穷，令人百看不厌。

第 19 周

营养胎教：控制热量摄入，避免体重增长过快

胎宝宝心声

爸爸妈妈，我现在正在飞速生长，每天都在长大，可是我不想长得太大，那样的话就不能在妈妈的肚子里自由地转来转去了。

到了孕中期，大多数孕妈妈胃口突然变大，饥饿感总是如影随形。孕妈妈这时候不要因为胃口开了，饮食就毫无顾忌了：不能过量进食，特别是高糖、高脂肪食物，如果此时不加限制，会使胎宝宝生长过大，给以后的分娩带来困难。

3000~3500 克是宝宝出生时的理想体重

科学研究总结，出生时体重在 3000 ~ 3500 克，婴儿越重越聪明。当出生时体重超过 4000 克之后，婴儿的智商水平有所下降。一方面过大的胎儿在母体中容易缺氧，另一方面体型巨大的胎儿在分娩过程中容易受到伤害。此外，巨大儿（出生时体重 > 4000 克）成年后容易出现肥胖等问题。所以孕妈妈要合理、均衡、科学地进行孕期营养补充和体重管理。

孕中期，热量摄取应比孕前多 300 千卡（约为 200 克牛奶和 50 克肉蛋的量）。其中，蛋白质要增加 15 克，也就是鸡蛋、肉类、大豆及其制品等蛋白质类食物总量每天增加 50 克即可。饮食上，孕妈可以多选择低脂肉类和脱脂牛奶，还可以用水果、全麦面包来代替点心等。这样不仅不会使体重增加过快，还会让胃比较舒服。

运动胎教：释放压力的呼吸运动

孕中期，孕妈妈的身体负荷有所增加，呼吸运动可以帮助释放压力，改善心情，也能让胎宝宝得到更多氧气，有利于胎宝宝的健康。

呼吸运动的步骤

1 采用基本跪坐姿势，双手自然放在大腿上，保持脊背挺直。

2 吸气，同时双臂缓缓侧平举至与肩同高，掌心向前。

3 呼气，同时头颈尽量向后仰，手臂保持平行地面的高度，扩胸。

4 吸气，还原到步骤 2。

5 呼气，同时头颈向前弯曲，双臂保持平行地面向前收拢，尽量向前伸直，背部自然成弧形。

6 吸气，打开双臂，向上伸展。

7 呼气，同时双臂自然垂落在身体两侧。

阅读胎教：《金色花》

孕妈妈说

亲爱的宝贝，妈妈要读一首诗给你听啊。诗中表达的是一个孩子对母亲的依恋，他是天真而快乐的，因为他正沐浴在浓浓的母爱之中。

假如我变成了一朵金色花，为了好玩，
长在树的高枝上，笑嘻嘻地在空中摇摆，
又在新叶上跳舞，妈妈，你会认识我么？
你要是叫道："孩子，你在哪里呀？"
我暗暗地在那里匿笑，却一声儿不响。
我要悄悄地开放花瓣儿，看着你工作。
当你沐浴后，湿发披在两肩，穿过金色花的林荫，
走到做祷告的小庭院时，你会嗅到这花香，
却不知道这香气是从我身上来的。
当你吃过午饭，坐在窗前读《罗摩衍那》，
那棵树的阴影落在你的头发与膝上时，
我便要将我小小的影子投在你的书页上，
正投在你所读的地方。
但是你会猜得出这就是你孩子的小小影子吗？
当你黄昏时拿了灯到牛棚里去，
我便要突然地再落到地上来，
又成了你的孩子，求你讲故事给我听。
"你到哪里去了，你这坏孩子？"
"我不告诉你，妈妈。"
这就是你同我那时所要说的话了。

美育胎教：《小淘气》

孕妈妈说

宝贝，现在的你越来越淘气了，在妈妈肚子里动来动去的时候，妈妈内心充满了喜悦和幸福呢。小淘气，我们一起看一幅画吧！

《小淘气》是法国画家阿道夫·威廉·布格罗创作的油画作品，他的作品不再被古典主义手法所束缚，大多从生活出发，取材于现实，强调形式之美，表达博爱的人性。

《小淘气》是阿道夫运用幻想的方式所创作的浪漫主义作品，关注母爱，塑造出女性美，整幅画展现出母子情深的动人情景。

音乐胎教：《彼得与狼》

音乐童话

清爽愉快的早晨，起床以后放上这首曲子，听着各种乐器合奏，生动有趣，心情也会随之好起来。

这部音乐作品用长笛、双簧管、大管、定音鼓、大鼓等奏出具有特色的短小旋律和音响，代表小鸟、鸭子、猫、爷爷、彼得和猎人。长笛的高音区表现小鸟的灵活好动；弦乐奏出了彼得的神情，描绘了彼得的机智勇敢；鸭子的形象由双簧管模拟，生动地刻画出那蹒跚的步态；单簧管低音区的跳音演奏描绘了小猫捕捉猎物时的机警神情；爷爷和蔼可亲的神态由大管浑厚、粗犷的声音来表现，模拟了老人的唠叨；狼阴森可怕的嚎叫用三只圆号来体现。全曲生动活泼，每一个角色，每一个段落都形象鲜明、通俗易懂。

关于这首曲子

这首曲子是著名作曲家普罗科菲耶夫为儿童写的一部交响童话，讲述了彼得凭勇敢和机智战胜恶狼的故事，不但曲风生动活泼，而且具有深刻的教育意义。

准爸爸胎教：给妻子准备一套舒适的孕妇装

大多数孕妈妈到了这个阶段，平时的衣服都不能穿了，尤其是紧身裤、高跟鞋等要全部收起来，换成有承托腹部功能的孕妈妈裤，衣服也要宽松舒适。除此，还有内衣也要换，一套舒适的孕期内衣对孕妈妈的体型保护和健康十分重要。

舒适、得体的衣服不仅能提升孕妈妈的精神，衣着鲜亮也会使人精神愉悦，孕妈妈的良好心情会影响到胎宝宝的宫内环境。

手工胎教：手影游戏

孕妈妈说

宝贝，今天妈妈教你玩手影游戏。你看妈妈的手会在墙上呈现各种动物的影子。

通过手影游戏，孕妈妈不仅锻炼了手部，还牵动手腕、胳膊、肩部等部位进行了活动。这些活动是在中枢神经系统的调配下完成的，能促进大脑皮层相应部位的生理活动，提高人的思维能力，同时还能通过信息传递来促进胎宝宝的大脑发育。

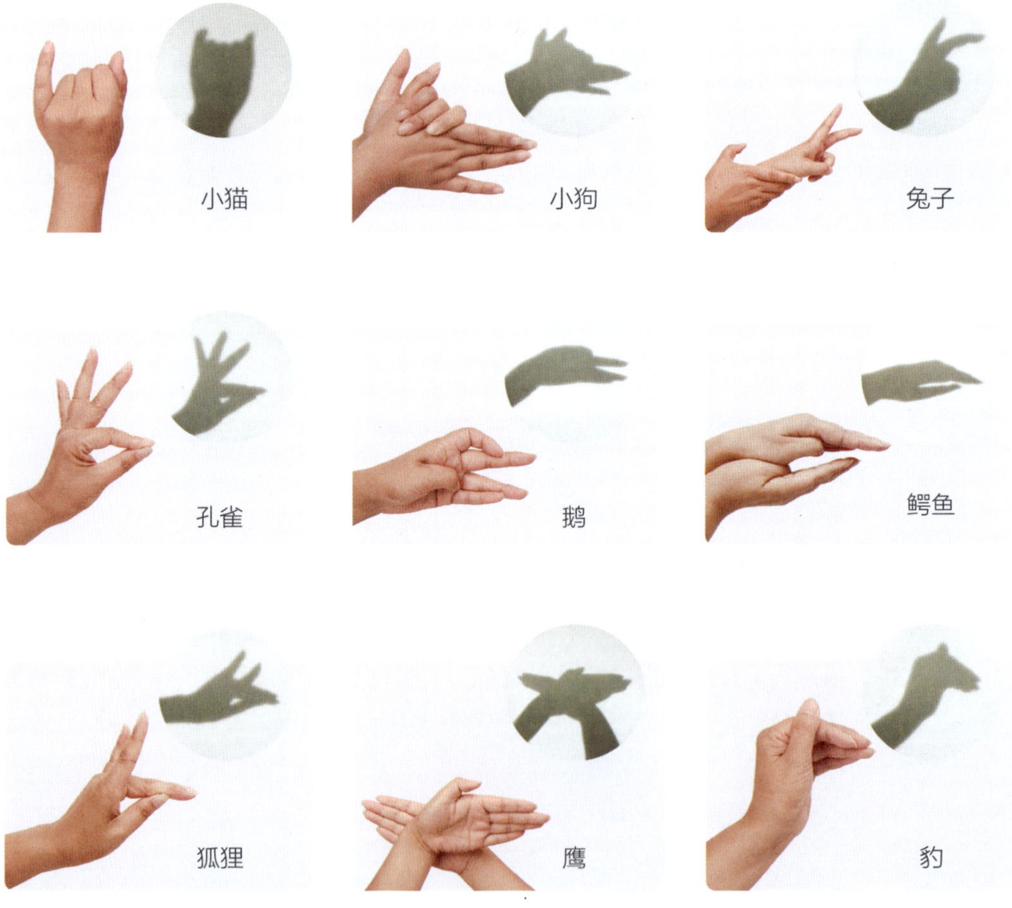

第20周

营养胎教：正确吃蔬菜，全面吸收维生素

胎宝宝心声

妈妈，蔬菜能让您的肠胃更健康，也能让我长得更强壮，但吃蔬菜是有讲究的哦。

蔬菜称得上是维生素和矿物质的宝库，但是它所含的营养，尤其是水溶性维生素遇水、遇热等极易流失，以至于孕妈妈明明吃了很多蔬菜仍然缺乏维生素和矿物质。其实要想最大程度保留营养，就要在烹调方法上想办法。

正确的烹调方法

1 **先洗再切：**蔬菜洗后再切可以避免营养素从切口过量流失，还要注意现吃现做，别提前切好放置太久，以免造成营养素流失过多。

2 **尽量切大块：**对蔬菜来说，切得越细碎，烹调的时候流失营养的缺口就越多，为了更好地保存营养，尽量切大块。

3 **大火快炒：**炒的时候要急火快炒，减少加热时间过长造成的营养流失，炒好立即出锅。

4 **一部分蔬菜先焯水：**菠菜、竹笋、茭白等含草酸较多的蔬菜烹饪前最好焯一下，因为草酸与钙结合成难吸收的草酸钙，干扰人体对钙的吸收。

运动胎教：猫式伸展运动

孕中后期，子宫明显增大，孕妈妈重心前移，为保持身体平衡，孕妈妈会形成肚子前挺，腰部和肩部向后倾的姿态，腰部和背部就承受了较多的力量。猫式伸展运动可以充分伸展背部、腰部和肩部，消除酸痛和疲劳。

1 吸气，四脚板凳式，小腿及脚背紧贴垫子，十指张开撑在垫子上，指尖向前，手臂、大腿挺直与地面成直角。注意腰背要挺直，身体与地面平行。

2 呼气，抬头，打开胸腔，臀部翘起，坐骨打开，感觉体前侧完全展开。

3 继续呼气，腹部收紧，慢慢将背部向上拱起，头转向下方，注视大腿的位置，感受背伸展，保持 3 ~ 5 次呼吸的时间。配合呼吸，重复练习 5 ~ 8 次。

阅读胎教：《钻木取火》

孕妈妈说

宝贝，你知道吗？在很久很久以前，是没有火的。冬天很冷，晚上漆黑一片。后来啊，终于有人发现了火！今天妈妈就为你讲钻木取火的故事。

远古时候，还没有火，冬季人们常常生活在寒冷和黑暗中。有一天，下了一场雷雨，雷电劈在树上，树着火了，还燃起了熊熊大火，人们吓得逃开了。

这时，聪明的燧人氏却发现，火的周围，野兽的吼叫声没有了，他想：难道野兽怕这个发亮的东西？于是，他走到火边，觉得身上暖和了许多。他高兴地招呼大家：火一点儿都不可怕。接着，人们又闻到，不远处烧死的野兽发出了阵阵香味。人们聚到火边，吃着烤过的肉，觉得很美味。

认识到了火的可贵，就拣来树枝，轮流守着火种，不让它熄灭。可是有一天，看火种的人不小心睡着了，火灭了。这下，人们又回到了寒冷的日子，燧人氏看了，决定去寻找火种。

可他走了很多地方，都没找到火种。一天，他坐在一棵叫“燧木”的大树下休息，发现有鸟在啄树，只要鸟儿一啄，树上就闪出火花。燧人氏脑子里灵光一闪，立刻折了一些燧木的树枝，用小树枝去钻大树枝，树枝上果然闪出火光，就这样钻了很久很久，终于有火了！从此，人类学会了人工取火，大家都很感谢燧人氏。

音乐胎教：《摇篮曲》

孕妈妈说

妈妈的肚子就是宝宝的摇篮。亲爱的宝贝，让我们伴随着优美的《摇篮曲》入眠吧。

勃拉姆斯创作的《摇篮曲》恬静、安详，就像一首抒情诗，表现了母亲的温柔和慈爱。这首摇篮曲与舒伯特的《摇篮曲》不同，伴奏部分没有模仿摇篮的摇动，而是描绘一种夜色朦胧的景象。听这首曲子，好像看到一位年轻慈爱的母亲在月色朦胧的夜晚，轻声地在摇篮前吟唱。

关于这首曲子

这首常用于小提琴独奏的《摇篮曲》，创作于1868年。原曲歌词为“安睡安睡，乖乖在这里睡，小床插满玫瑰，香风吹入梦里，蚊蝇寂无声，宝宝睡得甜蜜，愿你舒舒服服睡到太阳升起。”相传作者为祝贺法柏夫人次子的出生，创作了这首平易可亲、感情真挚的摇篮曲送给她。

法柏夫人是维也纳著名的歌唱家，原名叫“贝尔塔”，1859年勃拉姆斯在汉堡时，曾听她演唱过一首鲍曼的圆舞曲，深深地被她优美的歌声所感动，但由于种种原因，他俩未能结合，贝尔塔与他人结了婚，当她第二个孩子出世时，勃拉姆斯就创作了这首曲子送给贝尔塔。他用那首圆舞曲的曲调，加以切分音的变化，作为这首《摇篮曲》的伴奏，仿佛是母亲在轻拍着宝宝入睡。

手工胎教：折四叶草

孕妈妈说

宝贝，今天我们来折一个漂亮的四叶草吧。四叶草被认为是幸运草，传说能带给人们幸运。

折四叶草的步骤

1. 准备一张正方形的纸，先对折。

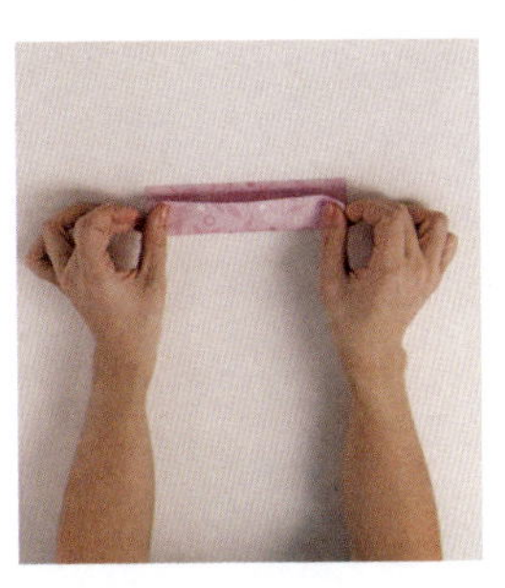

2. 再对折。

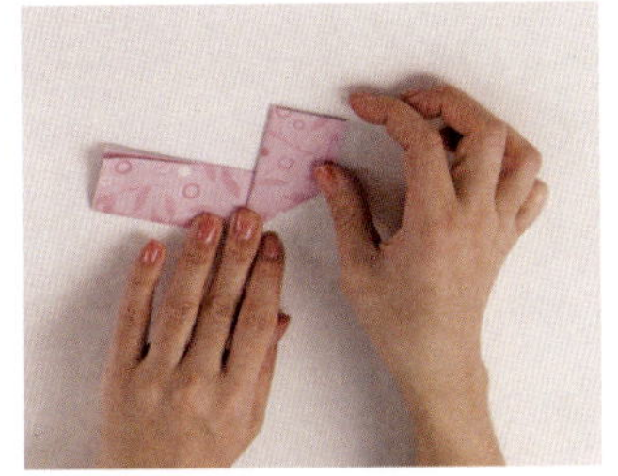

3. 按照图的方向折叠。

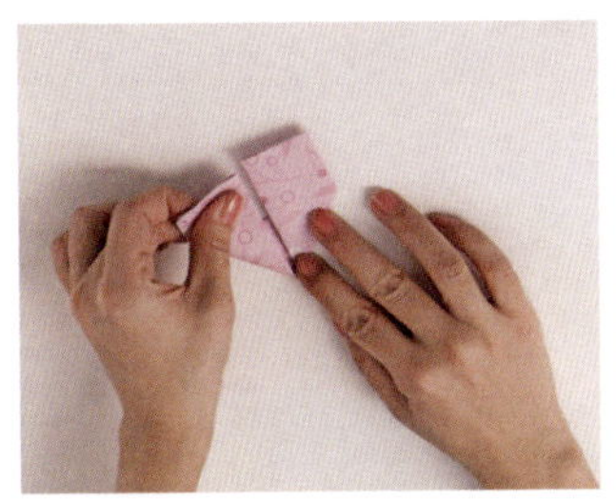

4. 另一侧也对折。

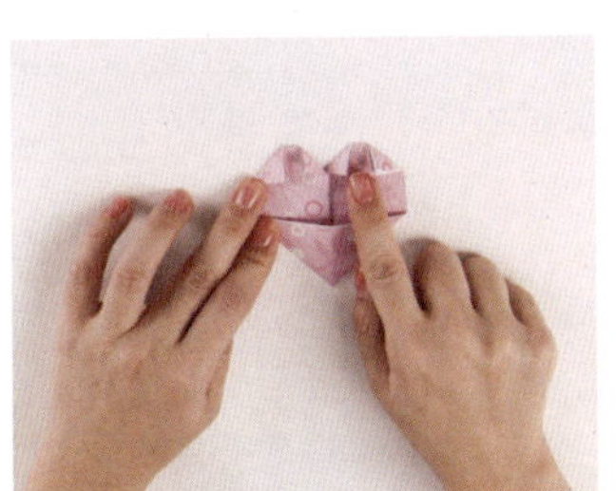

5. 四个角分别折起。

6. 形成一个小爱心。

7. 重复上述步骤，一共折四个小爱心，组合在一起就是四叶草。

美育胎教：《圣教序》

孕妈妈说

亲爱的宝贝，你是上帝的杰作，是爸爸妈妈的珍宝，你的一颦一笑、一举一动都是那么可爱迷人，牵动妈妈的心弦，陪伴你成长的日子都将变成妈妈最美好的记忆，妈妈好期待你的到来。

孕妈妈还可以练练毛笔字，以便心境平和下来，看到字迹越变越好，也会因为成就感而心生喜悦。下面请孕妈妈来欣赏一下王羲之的《圣教序》吧。

《圣教序》并不是王羲之亲手所写，而是弘福寺沙门怀仁用集字的方法以王羲之书法拼出的全文。

唐玄奘法师历尽千辛万苦赴西域求取真经，唐太宗对他在佛学方面的成就极为推崇，因此敕命他在长安弘福寺中专门翻译梵经，并为其翻译的《瑜伽师地论》赐序，这便是《圣教序》。为了永垂后世、昭告天下，又因为唐太宗酷爱王羲之书法，因此集字刻于石碑而广为流传。

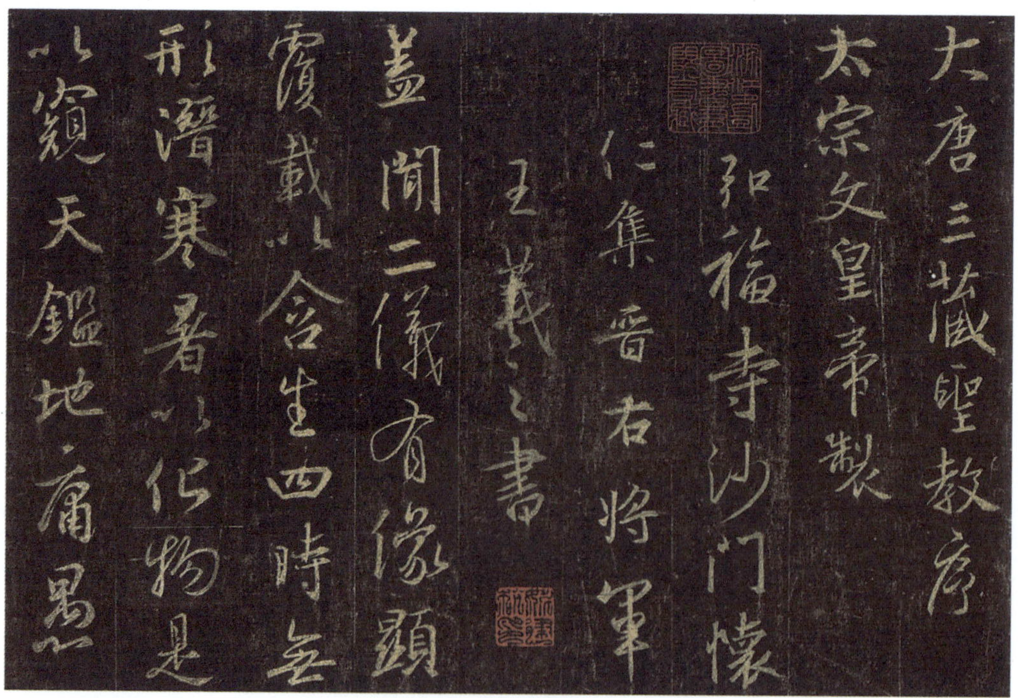

准爸爸胎教：帮妻子做个按摩吧

随着孕周的增加，孕妈妈表现出更多不适。如果准爸爸主动帮孕妈妈做些按摩，既能缓解孕妈妈身体的不适，又能增加夫妻感情，胎宝宝也能感受到爸爸对妈妈浓浓的爱意呢。

按摩涌泉穴，缓解腰酸背痛

做法：按摩涌泉穴 3 次，每次 4 秒钟。

涌泉穴：涌，溢出的意思；泉，泉水。涌泉是指体内的肾经的井水从此穴位溢出体表。所以，称之为“涌泉”。

部位：属足肾经静脉的穴道。在足底前部的凹陷处，第二趾和第三趾的趾缝纹头和足跟连线的 1/3 处。

功能：经常按摩这个穴位，能缓解因妊娠引发的腰酸背痛。

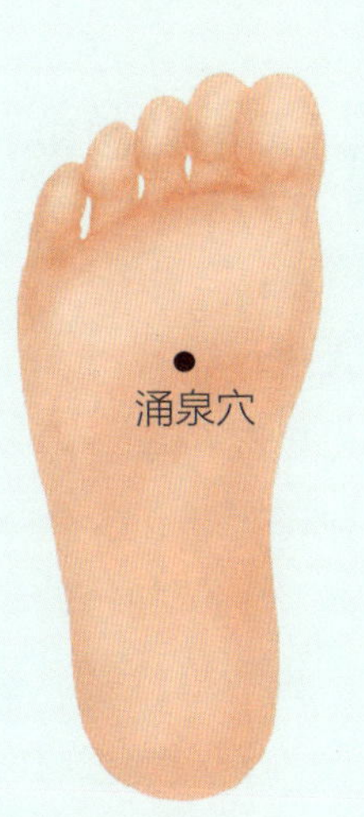

孕6月 絮絮叨叨，和胎宝宝无话不谈

好遗憾呀

孕期心情总是比较压抑低落

宝妈：怀了小宝宝，明明是特别开心的事情，可以我却总是心情低落，郁闷烦躁。准爸爸忙于工作，偶尔关心我一下，我觉得他不够体贴。每天回家都不想说话，也没人主动和我交流。我知道这样对宝宝很不好，有时候感觉心情不好了，宝宝就动得特别厉害。

不留遗憾

学会自我调节，放松心情

马大夫：孕妈心情低落时，要学会转移注意力，找一些让自己放松的方式。如出去散步，听听音乐，给肚子里的宝宝讲讲小故事等，找一些让自己感到快乐的事情；与丈夫多交流谈心。除此，保证适量的运动和充足睡眠，也可以让孕妈妈感到轻松。

好遗憾呀

孕期很少进行语言胎教

宝妈：怀孕后，我在饮食、生活习惯等方面都特别注意。但是很少和宝宝对话，每天都是稀松平常的生活，不知道跟宝宝说些什么。有时候想讲个故事，手边没有什么资料，也就作罢了。

不留遗憾

语言胎教能传递给宝宝安全感

马大夫：进行语言胎教内容不必太复杂，可以是问候，可以把日常见闻和感受随时随地讲给宝宝听，也可以选择配有图画、情节独特的故事，用饱含感情的声调讲给宝宝听。语言传递给宝宝的不仅是声音，还有爱和安全感。

各器官均已发育

大脑 快速发育。

皮肤 有褶皱出现。

肺泡 开始形成。

手脚 能把手臂同时举起来，能将腿蜷曲起来。

身材更加丰满

- 身体越来越笨，子宫也日益增大，压迫到肺，孕妈妈有时会感到呼吸困难。
- 上围越来越丰满，最好对乳头进行适当地按摩。
- 小腹明显隆起，一看就是孕妇的模样。
- 偶尔感觉腹部疼痛，是子宫韧带被牵拉的缘故。

本月所需关键营养

正确补充足够的铁

- 孕中期血容量增加，充足地补充铁能促进造血，避免孕妈妈因缺铁导致缺铁性贫血，有利于胎宝宝的健康发育。
- 红肉、动物肝脏、动物血等。

补充维生素 A

- 随着胎宝宝的视网膜形成，充足的维生素 A 能促进胎宝宝的视力发育。
- 畜瘦肉、动物肝脏等。

增加不饱和脂肪酸

- 孕中期是胎宝宝大脑细胞增殖高峰期，补充不饱和脂肪酸能促进大脑发育。
- 核桃、腰果、松子等坚果，各类植物油以及深海鱼。

第21周

情绪胎教：职场妈妈如何减压

有很多女性怀孕后依然坚守在工作岗位上，只要控制好工作的强度和工作时间，其实这更有益于胎儿健康的。

减轻负荷

要在工作中学会劳逸结合，完成工作任务的同时注意休息，以免出现过度疲劳。情绪上，不要把自己搞得很紧张，甚至焦虑不安，否则对自己和胎宝宝都没有益处。

调节生活

慢慢调节生活节奏以适应新生活，接受因为暂时性变化导致的不安情绪，应尽快适应新生活，并学会保护自己和腹中的胎宝宝。

必要时调职

如果孕妈妈的工作较为繁重，最好尽早通知公司，并和公司商讨怀孕后的工作安排。有些公司会应孕妈妈的需求而特别将其安排或调配到其他工作岗位上。

如果是从事的特殊行业（如化工、核工业等），在备孕阶段就应该跟工作单位协商调整工作。如果是意外怀孕，要尽早和单位协商调动工作。

避免加班

工作应适可而止，不要经常加班、熬夜，应尽量利用上班时间完成工作，避免将工作带回家中。

采购减压

在休息日和准爸爸一起采购，准备分娩用品和即将出生宝宝的必需品。两个人一起逛逛母婴用品店，了解一些相关物品的使用方法，为将来育儿做准备。

有些事情提前考虑，早做安排

将来宝宝的照顾问题，也应提早考虑。根据实际情况考虑找专职保姆还是请老人帮忙，抑或准备自己陪孩子成长。

在工作中，将在休产假期间可能要做的工作进行交接，不要到预产期了突然请产假，以免影响工作的进度和流程。

营养胎教：增加铁的摄入，预防妊娠期贫血

胎宝宝心声

妈妈，我现在需要大量铁，而且您还要为我储备出生后前6个月所需的铁，所以请您及时补充铁，不然会引起贫血哦。

铁在孕期至关重要

铁参与血红蛋白的形成，促进造血，还参与氧的运输和热量代谢。一般的成年女性每天需摄入铁20毫克。孕中期血容量迅速增加，一直到孕33周达到高峰，因此孕妈妈对铁的需求量大增。在孕4~7月，孕妈妈平均每日铁的摄入量应为24毫克；孕8~10月，每天增加到29毫克。如果铁摄入不足，孕妈妈可能会发生缺铁性贫血，对孕妈妈和胎宝宝都会产生不利影响。

补铁首选猪血、猪肝、红肉

铁元素分两种，血红素铁和非血红素铁。前者多存在于动物性食物中，后者多存在于蔬果和全麦食品中。血红素铁更容易被人体吸收，因此，补铁应该首选动物性食物，比如动物肝脏、动物血、红肉等。

有缺铁性贫血症状的孕妈妈最好每天食用40~75克红肉。动物肝脏补血效果很好，但由于其所含的胆固醇相对较多，所以一次不能吃得过多。以猪肝为例，孕妈妈食用猪肝可以坚持少量多次的原则，每周吃2次，每次吃50克，这样猪肝中的铁能很好地被吸收。但要注意，为避免安全隐患，应购买来源可靠的猪肝，在烹调时一定要彻底熟透再吃。

补铁也要补维生素C，以促进铁吸收

维生素C可以帮助铁质的吸收，帮助制造血红蛋白，改善孕妈妈贫血症状。维生素C多存在于蔬果中，如橙子、猕猴桃、樱桃、柠檬、西蓝花、南瓜等均含有丰富的维生素C。孕妈妈在进食高铁食物时搭配吃这些富含维生素C的蔬果或喝这些蔬果打制的蔬果汁，都是增进铁吸收的好方法。

运动胎教：站立半前屈运动

因为肚子负重的原因，背部疼痛是孕妈妈常见的症状。适当做拉伸运动能帮助腰背部肌肉放松，促进血液循环，缓解疼痛症状。

1 站姿，双脚分开与肩同宽，双脚保持平行，距脚尖前半步位置，分别竖放一块瑜伽砖。吸气，手臂向上伸展，保持手臂向上伸展，肩胛下沉。

2 呼气，脊柱伸展，身体前屈，双手置于瑜伽砖上，伸展胸椎和腰椎，大腿肌群向上提，坐骨向后打开，脊椎伸展，保持 20 秒。

身体笨重的妈妈也可以这样做

身体前放一把椅子双手置于椅子上，头与脊椎在一条直线上，伸展胸椎和腰椎，大腿肌群向上提，坐骨向后打开，脊椎伸展，保持 20 秒。

保持腰椎胸椎不变，吸气向内走步，呼气起身，还原。

阅读胎教：《咕咚来了》

孕妈妈说

今天妈妈给你讲一个特别好玩的故事。故事里有一种可怕的“动物”，它让所有的动物都感到害怕，可是最后大家又都不怕它了，为什么呢？

早晨，湖边寂静无声。一灰一白一黄三只小兔快活地捕蝴蝶。忽然湖中传来“咕咚”一声，这奇怪的声音把小兔们吓了一大跳。刚想去看个究竟，又听到“咕咚”一声，这可把小兔们吓坏了，“快跑，咕咚来了，快逃呀！”它们转身就跑。狐狸正在同小鸟跳舞，与跑来的兔子撞了个满怀。

狐狸一听“咕咚来了！”也紧张起来，跟着就跑。它们又惊醒了睡觉的小熊和树上的小猴。小熊和小猴也不问青红皂白，跟着它们跑起来。大象感到惊讶，问狐狸：“出了什么事？”狐狸气喘吁吁地说：“咕咚来了，那是个三个脑袋，六条腿的怪物……”于是一路上跟着跑的动物越来越多，还有河马、老虎、野猪……

岸上这阵骚乱，使湖中的青蛙感到十分惊奇，它拦住了这群吓蒙了的伙伴们，问：“出了什么事？”大家七嘴八舌地形容“咕咚”是个多么可怕的怪物。青蛙问：“谁见到了？”小熊推小猴，小猴推狐狸，狐狸推小兔，结果谁也没有亲眼看见。

大家决定回去看看明白再说。回到湖边，又听见“咕咚”一声，仔细一看，原来是木瓜掉进水里发出的声音，所有的动物不禁大笑起来。

这个寓言告诉我们：对不知道的事物就要了解清楚，不要道听途说，也不要想当然，更不要人云亦云，要有科学实证精神。

音乐胎教：《四季·春》

孕妈妈说

宝贝，一日之计在于晨，一年之计在于春。让我们一起跟随春天的旋律开启美好生活吧。

这是一首非常好听的小提琴曲。乐曲描绘了一幅春临大地的画面。画面中众鸟欢唱，和风吹拂，溪流潺潺，仙女和牧羊人随着风笛愉悦的旋律在草原上婆娑起舞，多么美好呀！孕妈妈也可以一边轻轻抚摸腹部，一边随着音乐的节拍微微晃动身体，并展开想象的翅膀，将头脑中的画面通过意念传递给胎宝宝。

关于这首曲子

这首乐曲是意大利著名作曲家维瓦尔第创作的小提琴协奏曲《四季》当中的一个乐章。《四季》是维瓦尔第最著名的作品，至今仍长盛不衰。这部作品画意盎然，能给人带来丰富的联想，非常适合胎教。

关于维瓦尔第

维瓦尔第是巴洛克时期意大利著名的作曲家、小提琴家。自幼学习小提琴与作曲，1714 年起任威尼斯贫女音乐学校教师及乐长。除创作了大量由一把小提琴及乐队来演奏的小提琴协奏曲外，还作有不少用 2 ～ 4 把小提琴或木管乐器来演奏的协奏曲等。这些乐曲以富有民间色彩和生活气息而著称。

美育胎教：《音乐课》

孕妈妈说

宝宝，艺术总能传达人类最珍贵、最美妙的情感，就像妈妈今天看的这幅画，让妈妈讲给你听听吧。

这是一幅英国画家莱顿的作品，画中描绘了一个小女孩音乐课上的场景。小女孩依在温柔的女教师胸前，弹着六弦琴，表情非常认真专注，显得天真烂漫，可爱无邪。妈妈希望亲爱的宝宝将来也是这样聪明、专注。

第22周

营养胎教：补充DHA，胎宝宝更聪明

胎宝宝心声

妈妈，我的听觉、视觉等神经系统正在发育，我能感受更多外界刺激了，而且我的脑细胞越来越发达了。妈妈您要多吃含 DHA 的食物，有助于我的大脑发育哦。

DHA 是多不饱和脂肪酸，是构成胎宝宝大脑皮层神经膜的重要物质，能维护大脑细胞膜的完整性。从孕期 18 周开始直到产后 3 个月，是胎宝宝大脑中枢神经元分裂和成熟最快的时期，持续补充 DHA，有利于宝宝的大脑发育。

DHA 三大来源

鱼类

DHA 含量高的鱼类一般是深海鱼类，如沙丁鱼、金枪鱼、秋刀鱼等。

孕妈妈的饮食中应该保证每次摄入鱼类 40~75 克，每周 2~3 次。体重增加过多的孕妈妈甚至可以适当减少畜肉的摄入，代之以鱼肉。孕妈妈吃鱼以清蒸最好，可避免油腻，也可炖汤，建议少放调料，清淡为好。

干果类

核桃、杏仁、花生等食物中含有 α-亚麻酸，它可在人体内转化成 DHA，建议孕妈妈每天吃一些。但要注意坚果类油脂比较多，而孕妈妈的消化功能相对较弱，过量食用很容易引起消化不良和肥胖，每天一掌心的量就足够了。

烹调油

有些植物油含有较高的 α-亚麻酸，α-亚麻酸在体内可以转化为 DHA，也是人体 DHA 的一个重要来源。建议孕妈妈食用富含 α-亚麻酸的植物油有亚麻子油、核桃油、紫苏子油等。

运动胎教：斜板式

斜板式练习重点锻炼的部位是手臂力量和腰腹，能让孕妈妈身体舒展，从而精力充沛。

阅读胎教：《伊索寓言》两则

孕妈妈说

亲爱的宝贝，妈妈今天讲的故事来源于《伊索寓言》。它是古希腊民间流传的讽喻故事，是最早的寓言故事集。故事里有生动的情节，丰富的想象，还饱含生活哲理。

狗与狼

有条狗睡在羊圈前面。狼窥见后，想冲上去袭击它，把它吃掉。

狗请求狼暂时不要吃它，说道："我现在还骨瘦如柴，你再等几天，我的主人要举行婚礼，那时我将吃得饱饱的，一定会变得肥肥胖胖的，你再来吃不是更香吗。"

狼听信了狗的话，便放了它。

过了几天狼再来时，发现狗已睡到了屋顶上，它便站在下面喊狗，提醒它以前的诺言。

狗却说："哈哈，你若以后看见我睡在那羊圈前面，用不着再等婚礼了。"

这故事说明，聪明的人一旦摆脱险境后，会一直小心提防。

狐狸和樵夫

狐狸为躲避猎人们的追赶，到处逃窜，恰巧遇见了一个樵夫，便请求让他躲藏起来。樵夫叫狐狸去他的小屋里躲着。

一会儿，许多猎人赶来，向樵夫打听狐狸的下落。他嘴里大声说不知道，却做手势告诉猎人们，狐狸躲藏的地方。猎人们相信了他的话，并没留意他的手势。

狐狸见猎人们都走远了，便从小屋出来，什么都没说就走。樵夫责备狐狸，说自己救了它一命，它却一点谢意都不表示。

狐狸回答说："如果你的手势与你的语言是一致的，我就该好好地感谢你了。"

这故事告诉了人们要远离那些嘴里说要做好事，但行为却不一致的人。

手工胎教：指环会逃跑

孕妈妈说

宝贝，今天玩一个非常有趣的小游戏：我准备了一个指环和一根绳子。注意看我是怎么把指环套到绳子上，又让指环逃出来的。

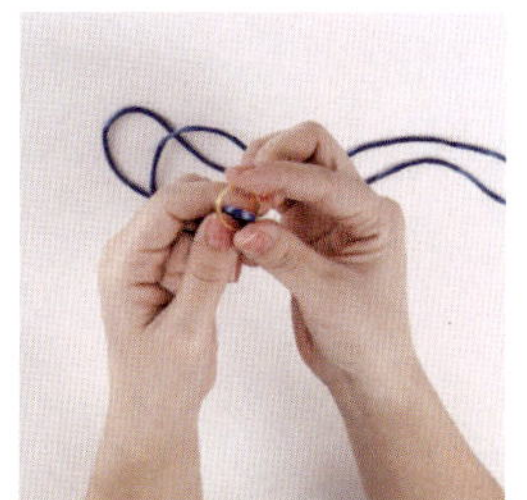

1. 将指环穿到绳子上。

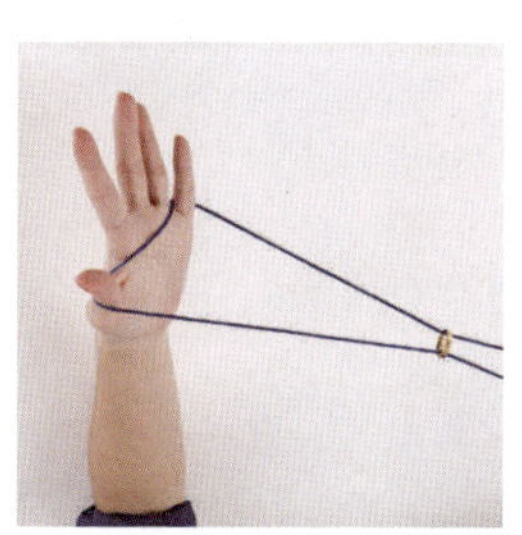

2. 将绳子的两端分别挂在两手的拇指和小指上。

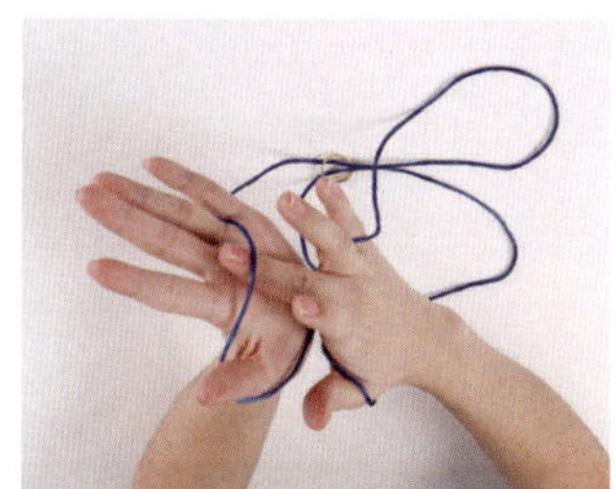

3. 用右手中指挑取左手手掌上的绳子。

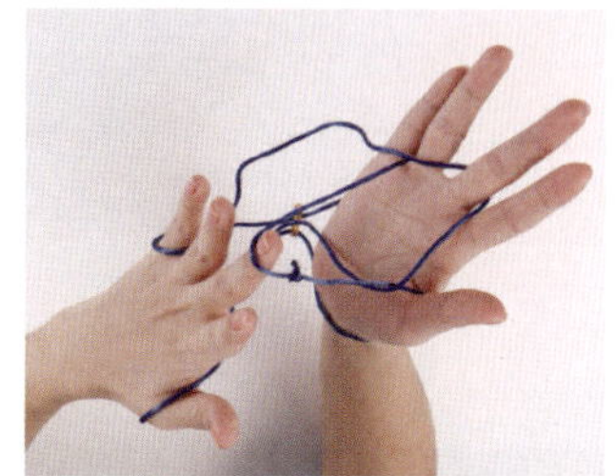

4. 用左手中指挑取右手手掌上的绳子。

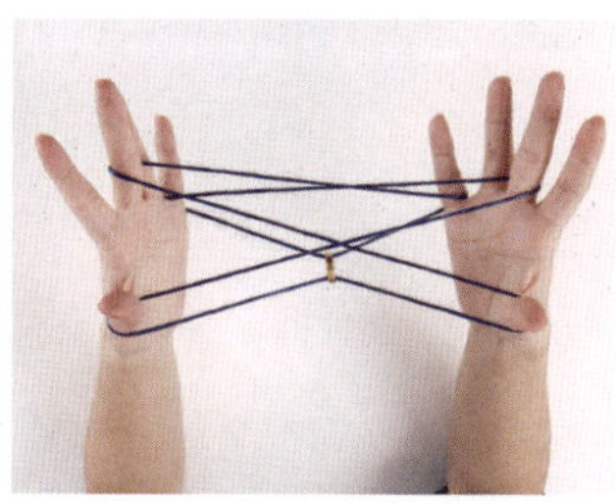

5. 挑后绳子的样子。

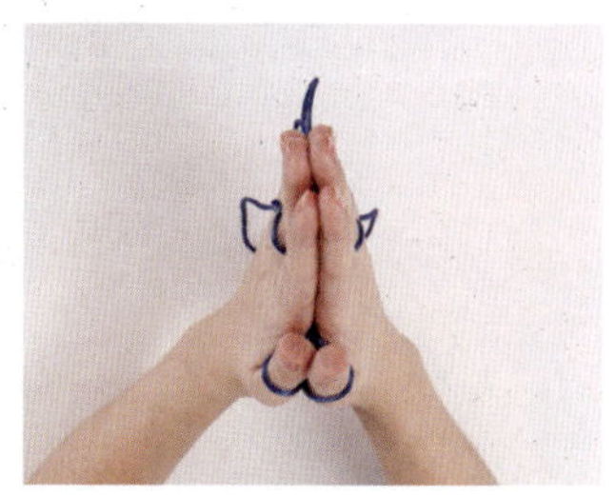

6. 双手合十。

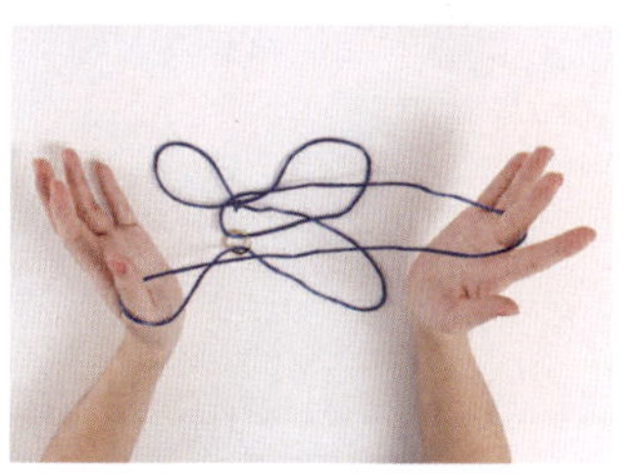

7. 保留左手拇指和右手中指上的绳子，其余手指上的绳子迅速摘除。

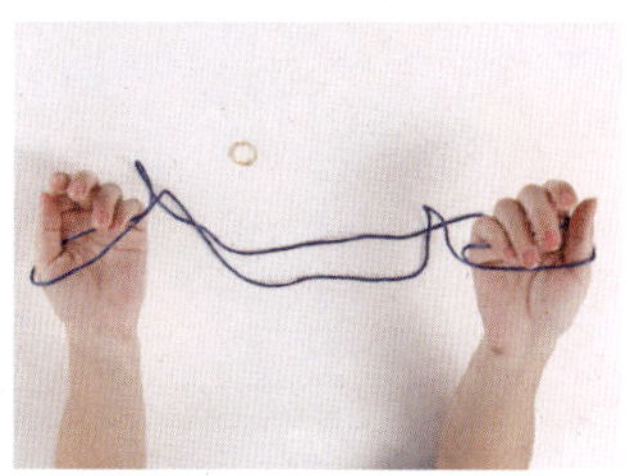

8. 咦，指环逃出去了！

美育胎教：《诱惑》

孕妈妈说

亲爱的宝贝，你即将来到对你来说充满了新奇的这个世界，你需要的就是睁开眼睛，伸开手臂，尽情地去看、去听、去感受。

这幅画的作者叫布格罗，是法国 19 世纪最受欢迎的画家之一。画中美丽的妈妈随性地伏在地上，拿着一只苹果，苹果又红又圆。可爱的小女孩望着妈妈，禁不住流露出渴望的神情。整幅画充满浓浓的田园情调和美好、纯洁的视觉享受。

准爸爸胎教：打造舒适的房间

舒适的房间有利于孕妇改善敏感焦躁的情绪。准爸爸应该主动收拾、整理房间，并且营造舒适温馨的居室环境。

房间布置原则

色调宜淡雅

怀孕时，卧室不要出现太耀眼的颜色，以淡雅温馨的颜色为佳。因为跳跃的颜色很容易给孕妈妈造成心神不宁的情绪。

居室干净整洁

无论是卧室还是客厅，整个环境都必须干净、整洁，乱糟糟的居室会令孕妈妈情绪不稳定，也会影响到腹中的胎宝宝。

空气要流通

卧室是孕妈妈休息的地方，空气对流要好，保证孕妈妈能呼吸到新鲜的空气。

设施安全

应急的安全设施是必要的，比如卧室的门不能关得太紧，要能轻易打开，一旦发生突发事故，孕妈妈能轻易获得帮助。有条件的话，可以自己做个警报铃，以备不时之需。

房间增加一些艺术装饰

建议挂一些婴儿的油画，或放一些跟孩子有关的小摆件，有助于提升整个卧室的美观度，带给孕妈妈不一样的好心情。

第 23 周

营养胎教：清淡饮食预防水肿

胎宝宝心声 妈妈，您换了一双大一码的鞋，是脚肿了吗？

很多孕妈妈在孕中期会出现手或脚的水肿现象，适当调整饮食可以有效缓解。

少吃盐，减少水钠潴留

盐中所含的钠会使水分潴留体内，成为水肿、高血压、蛋白尿等妊娠并发症的原因之一。正常人每天的食盐摄入量是 6 克以内，孕妈妈可以在此基础上进一步减少用盐量，建议少于 5 克。

不吃烟熏、腌制食物以及刺激性食物

烟熏食物和腌制食物，比如猪肉脯、熏烤火腿、腌酸菜等，含盐量高，不适合孕妈妈多吃，有孕期水肿的孕妈妈更应注意。有水肿的孕妈妈还应慎食辛辣刺激性食物，比如葱、蒜、韭菜、生姜、辣椒、花椒、胡椒、桂皮等，以免加重水肿。

吃有利尿作用的食物

可以每天多进食具有利尿作用的食物，如冬瓜、黄瓜、红豆等，可以缓解水肿。

清蒸冬瓜球

材料 冬瓜 500 克，胡萝卜 200 克。

调料 盐、香油、高汤、姜、水淀粉各适量。

做法

1. 冬瓜去皮、子，靠近瓜瓤处用刀削去，再用挖球器挖出使呈球状；胡萝卜洗净，切薄圆片；姜切丝；将盐、高汤、水淀粉拌匀制成调味料备用。
2. 冬瓜球、姜丝、胡萝卜片一起放入碗中，加入调味料拌匀，再放入蒸锅，蒸 10 分钟。将蒸出的汤汁加水淀粉勾芡，滴几滴香油，淋在冬瓜球上即可。

运动胎教：三角式瑜伽

三角式瑜伽可以帮助打开髋部，增强大腿前侧肌肉，伸展大腿后侧和背部肌肉，对颈部也有益，适合大多数孕妈妈练习。

1 站立，双腿分开，距离大于两肩的距离，吸气，双臂侧平举。

2 呼气，身体向左侧弯曲，左手落在左脚前，指尖着地，眼睛望向右手指尖。

3 同样的动作，反方向进行。

1. 步骤 2 动作，如果左手指尖无法着地，不必勉强，可以在脚边垫瑜伽砖辅助。
2. 步骤 2 中，如果颈部不适，无法望向指尖，也可以目视前方。

阅读胎教：《流浪魔术师》

孕妈妈说

宝贝，今天我们来讲一个魔术师的故事吧。瞧，他不但会变魔术，还能让大家尝尝月亮的味道呢！

兔子村来了一位客人，它是到处流浪的魔术师拉拉。这个魔术师本事可大了，能把白兔子头顶上的帽子变成一朵小花，把蓝兔子的丝巾变成气球，把灰兔子的围裙变成外套……

临近中秋，魔术师应兔子村村民的邀请，一起度过美妙的夜晚。这一年的中秋晚会在兔子村最大的草地上举办。晚会特别精彩，主持人蓝兔子特别能说，把大家都逗得哈哈大笑，好多兔子奶奶都笑得喘不过气来了。到最后，大家听见蓝兔子说："下一个节目，是魔术师拉拉为大家表演——咬月亮！"

拉拉一点儿都不紧张，他走到舞台中间，从怀里掏出一块黑布，开始念道："乌拉乌拉，乌拉乌拉，变！"

在场的兔子们看到，那块黑布慢慢地往空中飞去，而且越变越大，越变越大，到最后居然把整个天空都遮住了。天地间一片漆黑，大家什么都看不到了。然后大家听见拉拉响亮的声音："别急，别急，马上就好了。开！"就一秒钟的工夫，周围又重新出现亮光了。哎呀，更惊奇的是，空中竟然出现了无数个小月亮，这些月亮看上去金灿灿、明晃晃的，还散发着好闻的味道！

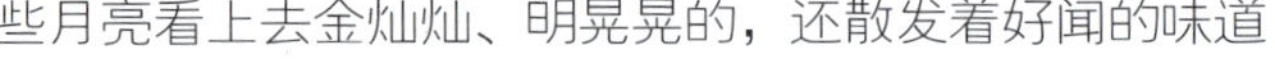

"我要吃月亮！"

"我也要！"

"我也要！"小兔子们都忍不住了，大声叫起来。大兔子们虽然没说话，可是也都眼巴巴地望着天上的月亮，禁不住咽口水。

拉拉笑着说：“别急，挨个儿来，每人咬一口。”他把手一挥，就有好多小月亮从天上掉下来了。

兔子们争着跑上去抢。

“真好吃，月亮里头有馅儿！”

“月亮是草莓味儿的！”……

大兔子说：“这个魔术太精彩了！”

拉拉笑着将天空中的黑布收回来，一轮明亮的月亮又出现在天空。“现在，我该走了，祝大家中秋节快乐！”

“拉拉，再见！”

“拉拉，记得回来看我们！”

兔子村的村民们都很舍不得。拉拉走出了村子，忽然觉得自己的背包沉甸甸的，打开来一看，背包里不知道什么时候装满了兔子们做的各种好吃的月饼。

音乐胎教：《漫步神秘园》

孕妈妈说

宝宝，现在我们听的是一首爱尔兰风笛演奏的曲子，风笛的声音就像画眉鸟一样优美，相信你在第一个音符响起的一瞬间，就被感动了。

怎么听

在风笛甜美的声音里，你会听见一丝隐约的沙哑和沧桑，每一个尾音会非常随意和放肆地留下一个回旋的音符，散漫慵懒，隐藏着纯朴和野性。

风笛流露出纯洁而洒脱的感情，那声音纯净得不似来自人间，仿佛是一缕来自远方的新鲜的风，吹拂过你的发丝和面颊，留下爱的感动。

关于这首曲子

这首爱尔兰风笛演奏曲《漫步神秘园》，是出自1999年制作的专辑《爱尔兰画眉》中，由一位女性六孔琴演奏家琼妮·麦顿联合十多位演奏家制作的。

手工胎教：剪只漂亮的蝴蝶

今天孕妈妈来尝试自己动手做剪纸吧。剪纸，又叫刻纸、窗花或剪画。在创作时，有人用剪子，有人用刻刀。虽然工具有别，但创作出来的艺术作品基本相同，人们统称为剪纸。学做剪纸有一个由简到繁、由易到难的过程，是不错的手工胎教选择。

剪纸的简单步骤

1 构思确定后，对画面进行具体的勾勒描绘，画出黑白效果。没有剪纸、刻纸经验的孕妈妈不妨从简单的图案开始做起，先剪一个桃子，一只梨、一只蝴蝶等图案。

2 如用刀子刻，先将图案和纸用订书机订好，将四角固定在蜡盘上。为了保证形象的准确，人物先刻五官部分，花鸟先刻细部或关键处，再由中心慢慢向四周刻，用刀的顺序如同写字一样由上到下，由左到右，由小到大，由细到粗，由局部到整体。尽量避免重复用刀，不要的部位必须刻断，不能用手撕，否则，剪纸可能带毛边而影响美观。

3 剪刻完毕后需要把剪纸揭开来，电光纸、绒面纸因纸面光滑，比较容易揭开。单宣纸和粉连纸因纸质轻薄，又经闷潮和上色，容易互相粘连，较难揭开，在揭离之前，必须先将刻好的纸轻轻揉动，使纸张互相脱离，然后先将第一张纸角轻轻揭起，一边揭一边用嘴吹。

4 揭离完毕后，把成品粘贴起来保存即可。

第24周

营养胎教：控制好血糖

胎宝宝心声

妈妈，要“糖筛”了，争取一次过哦。

孕期受孕激素的影响，胰腺负担增加，很容易出现血糖异常的情况。因此孕妈妈要注意饮食，防止发生妊娠糖尿病。一般到孕24~28周会进行妊娠糖尿病筛查，简称“糖筛”。不管“糖筛”是否过关，孕妈妈在饮食上做到以下几点总是没错的。如果“糖筛”没过关，则一定要做到以下几点，必要时要在医生的指导下用药。

食用生糖指数低的主食

精白米面血糖生成指数高，食用后极易导致血糖波动。应减少这类食物的摄入，增加全谷物，比如燕麦、荞麦、糙米、红豆、绿豆等粗粮杂豆类的摄入，这些食物含有大量膳食纤维，可延缓血糖升高速度。

控制脂肪摄入量

胎宝宝的大脑发育需要脂肪，但占到总热量的25%~30%即可，同时应注意不同种类脂肪所占的比例，限制饱和脂肪酸含量高的食物，如动物油脂、红肉类、全脂奶等，减少蛋糕、起酥面包、黄油、烧烤煎炸食物等富含反式脂肪酸食物的摄入。不饱和脂肪酸含量丰富的橄榄油、山茶油、坚果、去皮禽肉、鱼肉的比例要占到脂肪总量的1/3。

适当限制水果摄入量

水果可以提供丰富的维生素、矿物质和膳食纤维，但水果的糖分含量也较高，如果吃很多水果而不减少主食，不利于控制血糖。所以说水果可以吃，但一定不要过量，每天不超过250克，并且尽量选择含糖低的草莓、猕猴桃、柚子等。

少吃甜食

饼干、蛋糕、曲奇、面包以及甜饮料，进食后容易导致血糖迅速升高，还容易引发肥胖，要少吃或不吃。一些标注了“无糖”的食品，也不能任性地吃，因为无糖也并不是真的不含糖，只是不含蔗糖，食物本身还含有大量的甜味剂以及精白淀粉和脂肪，对控制血糖同样不利。

运动胎教：背部放松运动

孕妈妈在运动过程中能增强信心，改善心情，而这种情绪传递给胎宝宝，有积极的正面作用。背部放松运动动作难度不大，对放松背部和肩颈效果都不错。

1

跪姿，背部挺直，脚趾支撑地面，双臂自然垂放在身体两侧。

2

抬右臂，尽量向上伸展，掌心向左贴近耳朵。

3

左臂向背后弯曲，右臂向下弯曲，双手指尖相触，尽量相扣，保持3~5秒。换方向重复动作。

阅读胎教：《乌鸦喝水》

准爸爸说

宝贝，今天爸爸要讲一个《乌鸦喝水》的故事。故事里的乌鸦口渴了，可是瓶子里的水太少了，瓶口又太小，你猜它怎么做才能喝到水呢？

有一只小乌鸦觉得自己长大了，就和妈妈告别，独自飞走了。它在天空中展开双翅，迎着风飞呀飞，一会儿去追小燕子，要和小燕子比赛谁飞得高，一会儿又去和大雁比谁的歌声更响亮，快乐极了。

就这样，小乌鸦不知不觉飞到了一个从来没有到过的树林。它觉得嗓子干得要冒烟了，好想喝水呀。可是附近连条河都没有，要上哪儿去找水呢？

小乌鸦在树林里转悠，想找到一片带露珠的叶子，可是露珠早就蒸发了。小乌鸦实在累极了，它收起翅膀，站在一根小树枝上喘口气。就在这个时候，它忽然发现，树底下有个小玻璃瓶，瓶子里居然有水！

小乌鸦高兴地一头扎下去，但到了瓶子跟前又伤心了。瓶子里虽然有水，可是水不够多，瓶口又很小。小乌鸦再怎么使劲，也够不着水。小乌鸦急得团团转，怎么才能喝到水呢？它四下里打量，看到附近有一堆小石子，脑子里突然想出了一个主意。它高兴地扑棱着翅膀，从旁边一颗一颗地衔来小石子，小心地把它们放进瓶子里。

一颗小石子放进去，水面没有什么变化。

两颗小石子放进去，水面升高了一点点。

三颗、四颗、五颗……

小乌鸦不停地衔来石子，瓶子里的水越升越高，直到水升到瓶口。小乌鸦张开嘴巴，欢快地喝了一大口，凉凉的、甜甜的，真舒服！

喝完水，小乌鸦感觉自己又有了力气。它真快乐，要继续向前飞！

准爸爸胎教：陪妻子动动手指

孕期多动动手指能健脑防衰，推荐一组有趣的燕子飞动作。准爸爸陪妻子一起做这组手指动作，又好玩又益智，对开发胎宝宝的左右脑也有益。

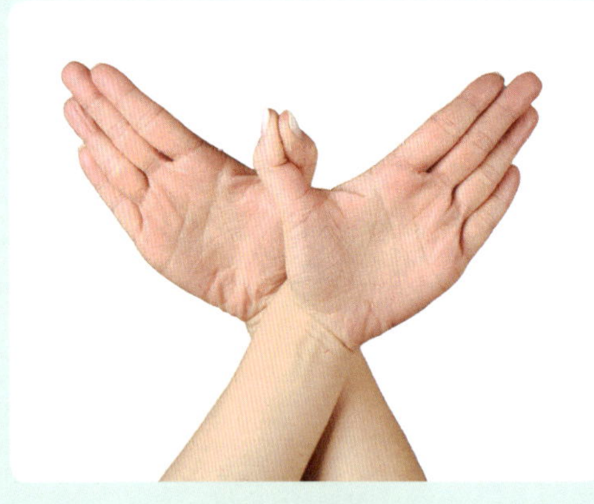

1. 双手五指并拢掌心朝内，两个大拇指相勾，呈燕子展翅飞的姿势。

2. 大拇指不动，双手四指同时弯曲第二指节。

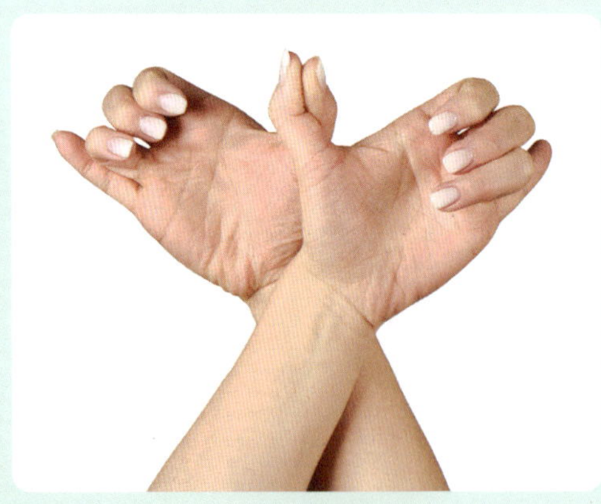

3. 同时伸直两手小指，其余手指保持不动。

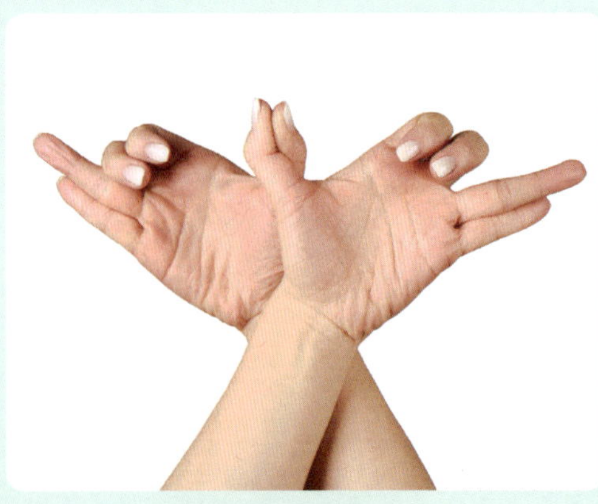

4. 接着伸直无名指。

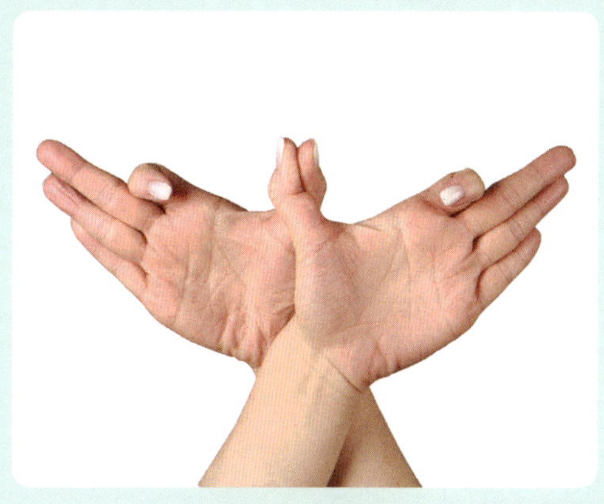

5. 续伸直中指。

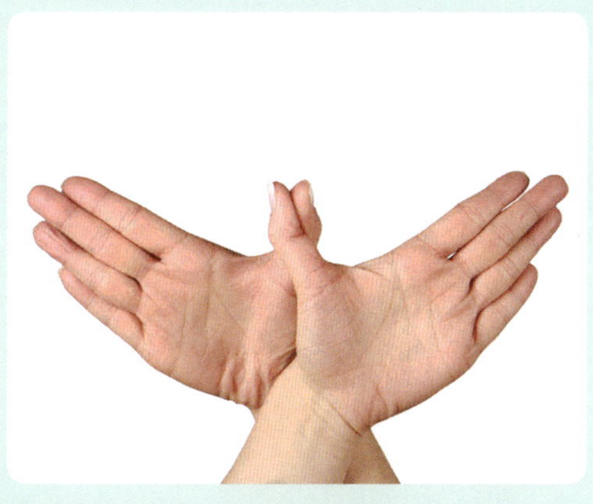

6. 食指伸直，变成燕子展翅飞的姿势。

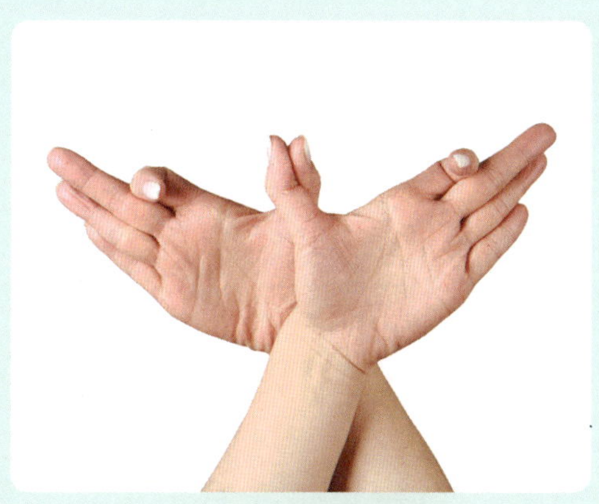

7. 双手食指弯曲，其余手指保持不动。

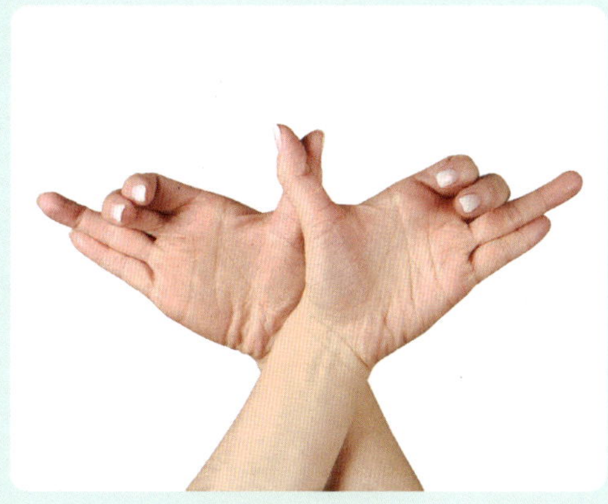

8. 接着弯曲中指。

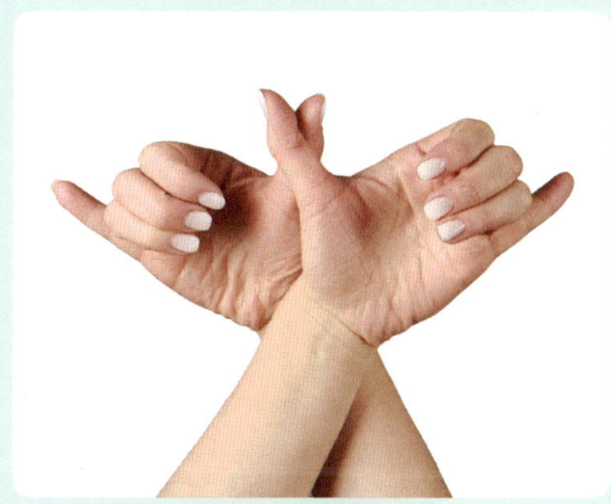

9. 继续弯曲无名指。

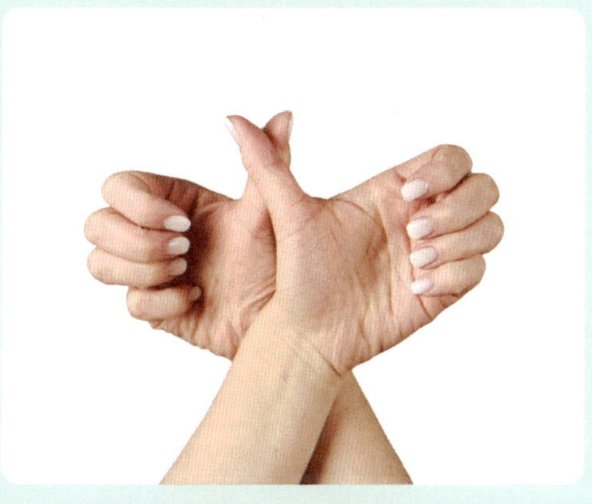

10. 双手除大拇指外的四指同时弯曲。

孕7月

真诚打开胎宝宝心扉

运动得少，体重增长多

好遗憾呀

宝妈：我怀孕之前就不是一个运动派，怀孕后也运动不多。体重没有控制好，最后评估胎儿比较大，没有能够顺产。

运动可以控制体重，促进顺产

不留遗憾

马大夫：孕期适当运动，能帮助控制体重，还能帮助孕妈妈保持愉快的心情，避免孕期肥胖，不仅有助于顺产，还可以促进产后身材恢复。运动对胎宝宝的健康发育也十分有益，不仅能促进胎宝宝的大脑发育，还有利于他养成良好性格。

过糖筛有点投机取巧

好遗憾呀

宝妈：做糖筛前怕通不过特意去论坛看网友分享的过关技巧。比如糖筛前三天清淡饮食，不吃甜食、不吃水果、不吃肉，米饭也少吃，检查当天喝完糖水多走一走（喝完糖水正常是不应该走动的）。我就是这么做的，糖筛确实通过了，过后想想万一真的有血糖问题却没查出来太可怕了。

饮食＋运动大大降低妊娠糖尿病发病率

不留遗憾

马大夫：妊娠期糖尿病是孕妇最易出现的疾病，比例很高，所以孕妈妈们一定要有危机意识，整个孕期都管理好自己的饮食和运动，控制好体重的增长，以预防妊娠糖尿病的发生。而且做任何检查前，一定不要搞“过关小技巧”，一旦贻误病情，后果非常严重。

对光照敏感

生殖系统 男孩的阴囊明显，女孩的小阴唇已明显突起。

大脑 大脑皮层已很发达。

视觉 感觉光线的视网膜已经形成。

四肢 四肢已经相当灵活，可在羊水里自如地“游泳”。

容易气喘吁吁

- 大腹便便，重心不稳，所以在上下楼梯时必须十分小心，不宜做压迫腹部的姿势。
- 到了孕中晚期，腰酸、大腿酸痛、耻骨痛等都有可能出现，还容易发生尿频。

本月所需关键营养

增加膳食纤维

- 即将步入孕晚期，孕妈妈的肠胃受压迫严重，极易发生便秘，此时要增加膳食纤维，促进肠道蠕动。
- 苹果、香蕉、芹菜、白菜、粗粮、杂豆类、海带等。

补足钙

- 胎宝宝牙齿和骨骼的钙化在这一时期加速。
- 牛奶、奶酪、酸奶、黄豆、豆腐、腐竹等。

增加维生素 C

- 防止妊娠斑和妊娠纹，促进胎宝宝结缔组织的发育。
- 白菜、黄瓜、鲜枣、苹果、猕猴桃等。

第 25 周

情绪胎教：冥想让心绪安宁

胎宝宝心声

妈妈，我喜欢内心平静而安宁的您，这样我也会感觉很舒服自在。

孕期，孕妈妈的心情容易受外界的影响发生变化，冥想可以帮助调整杂乱的心绪，给宝宝营造良好的内部环境。每天进行冥想，或者有烦恼的时候做一做冥想练习，可以获得内心的平静，促进自身和胎宝宝的健康。

冥想是一种有效的精神减压法。先集中精神进行自我呼吸，抛除心中杂念，意念集中在呼气和吸气上，渐渐地，呼吸就能变平缓，精神也能安定下来。

冥想的姿势

盘腿而坐，下巴微收，拇指和食指连成圆环，掌心向上，双手自然地放于双膝处，闭目冥想。也可以“大”字的姿势躺在床上，放松全身进行冥想。

意识呼吸冥想

意识集中在一呼一吸之间，盘腿而坐，闭上双眼，轻轻吸气，想象着吸入了大量养分，这些养分正在慢慢散布整个身体。呼气时想象着将体内的废气呼出。反复练习 5~10 分钟。

美好场景冥想

这种冥想方式要求发挥想象，想象自身身处美景中，让身心得到安全、舒适感。

平静自然地呼吸，想象自己慢慢进入美好的环境当中，比如正走进有温暖阳光的花园，轻风拂面，花朵盛开，鸟儿鸣叫，令人心旷神怡。每次持续 5~10 分钟，这种对美好环境的想象能让孕妈妈和胎宝宝产生幸福感。

营养胎教：增加膳食纤维，预防孕中期便秘

胎宝宝心声

妈妈，我喜欢您肠道顺顺的，因为每次您便秘，排便时屏气用力，就会让我感觉到颠簸。

很多孕妈妈都遭遇过便秘，这是因为孕激素使胃酸分泌减少，胃肠道的肌肉张力和蠕动能力减弱，食物在肠内停留的时间变长。日渐增大的子宫压迫直肠，使孕妈妈腹壁肌肉变得软弱、腹压减小。如果再加上喝水少、吃蔬果少、运动少，就更容易便秘了。

每天摄入 25~30 克膳食纤维

孕妈妈可在饮食中适量增加富含膳食纤维的食物，以促进肠道蠕动来保护肠道健康、预防便秘。

建议孕妈妈每天摄入 25~30 克膳食纤维。蔬果、粗粮都是膳食纤维好来源，比如要摄入 25 克左右膳食纤维，折合成一天的摄入量大约是 60 克魔芋 +50 克豌豆 +75 克荞麦馒头。

增加膳食纤维摄入的方法

1 主食中增加糙米、小米、红豆、绿豆等粗杂粮，并适当用土豆、红薯等薯类代替部分主食。注意的是，孕妈妈受增大子宫的影响，消化功能有所减弱，吃粗粮不宜过多，每天摄入粗粮的量可占到总粮食摄入量的 1/5~1/2 即可。

2 水果要彻底洗净，最好连皮一起吃。很多膳食纤维集中在外皮中，如果将水果和蔬菜打汁饮用，饮用时最好不要过滤，否则会滤掉大部分膳食纤维。

3 将每日要摄取的肉类分量减少，增加大豆及其制品的摄入，可获取更多的膳食纤维，还能减少总热量。

运动胎教：威尼斯海滩式

威尼斯海滩式运动扩展胸腔，让呼吸更顺畅，还能舒缓肩背、双臂，缓解疲劳。

1 坐姿，屈膝，手放在身体后侧做支撑。

2 依次曲肘，让小臂贴于地面，大臂往下推至垂直于地面，拉伸胸腔，抬头向上。

3 再慢慢依次伸直双腿，脚跟稍微分开，脚背回勾，保持 5 次呼吸。

4 屈膝，伸直手臂推起身体还原（如 1）。

阅读胎教：《聪明的小象》

孕妈妈说

宝贝，今天给你讲个小象过桥的故事。小象走在木桥上，发现它很不结实，那小象做了什么呢？

一个春天的早晨，阳光明媚，微风轻抚，四处都有五彩缤纷的花朵在争奇斗艳，空气中弥漫着鲜花的香味。绿色的小草盖住了褐色的土地，给大地铺上软软的毯子。柳树在风中轻轻摇动，晃荡着它绿色的长辫子。

小象宝宝也被这生机勃勃的景象感染了，想到外面去走走看看。它可真够壮实的啊，身子就像一堵厚厚的墙，腿像四根柱子，耳朵耷拉着，像两把大蒲扇。

小象来到河边，河水轻轻地荡漾着，清澈见底，河里的小鱼儿和水草都看得一清二楚。鸭子在水面上嘎嘎地叫，有时又一个猛子扎进水里，快活极了。小河上架着一座木板桥，桥面很窄，看着摇摇晃晃的。

小象试着伸出一只脚，踩在小桥上。小桥被压得嘎吱嘎吱响，晃悠得更厉害了。小象想，这实在太危险了，万一谁走在桥上，掉进河里怎么办?

小象皱着眉头想啊想，终于想到了办法。他伸出自己的长鼻子，卷起这座摇摇晃晃的木桥，把它翻了个面，重新架在旁边，桥两头紧紧地卡在岸上。

小象自己踩上去走了一趟，小桥果然稳稳当当的，再也不晃了。小象可开心了，走到对岸，跟河对岸的小白兔、小猴子玩起了捉迷藏。

准爸爸胎教：光照刺激有讲究

胎宝宝早就能够感知外面的光线了。准爸爸可和孕妈妈可以一起对胎宝宝进行光照胎教了。

什么是光照胎教

光照胎教法就是适当地给予胎宝宝光亮刺激，以促进胎宝宝视网膜感光细胞的功能尽早完善。早在孕13周开始，胎宝宝就能感知光线了。这时在孕妈妈腹壁直接进行光照，B超探测观察可以看到胎宝宝背过脸去，出现“躲避反射”，还会睁眼、闭眼。同时，胎宝宝心率略有增加，脐动脉和脑动脉血流量均有所增加。从怀孕24周后，如果在母亲腹壁直接进行光照射，可以发现胎宝宝眼球活动次数增加，胎宝宝会安静下来。

怎么做光照胎教

当胎宝宝醒来时，孕妈妈用手电筒的微光，一闪一闪地照射腹部，从而促进胎宝宝视觉功能的健康发育。可以一边做，一边和胎宝宝说话。例如告诉宝宝“现在是早晨或中午”。特别应该注意的是光照胎教切忌用强光照射，且时间不宜过长。也可以在晒太阳的时候，摸着自己的腹部，告诉胎宝宝，现在是什么时间，天上有没有云朵，阳光有多温暖，外面的世界有多美丽。

光照胎教应注意的问题

光照胎教要配合胎宝宝的作息时间，胎动明显时，说明胎宝宝是醒着的，这时候可以做光照胎教，而在宝宝睡觉时不宜进行。经过与胎宝宝6个月的相处，孕妈妈对胎宝宝的作息规律自然了然于心，配合胎宝宝的作息时间也不是难事。当然，也有作息不太规律的胎宝宝，孕妈妈就要细心体察了。通过光照胎教，是可以调整胎宝宝作息的。每天在白天固定的时间用手电筒的微光照射腹部3次，可以促使胎宝宝养成良好的作息规律。在进行光照胎教的时候，要注意光照的亮度，避免强光。

第 26 周

营养胎教：多喝水，保证血液供给和羊水增加

胎宝宝心声

妈妈，我在羊水里漂浮，在这里吃、喝、玩、乐，羊水能保护我不受细菌的侵害，您要多喝水哦。

孕中晚期，血容量增加、羊水量也增加，孕妈妈要喝够水，每天基本要达到1500~1700 毫升水（7~8 杯）的量，不喝或少喝含糖饮料。多喝水对预防便秘，养护皮肤都极有好处。孕妈妈可以每天早上起来，先喝一杯温水润润肠道，其他时间也要随时把水杯放在手边，时不时喝几口，少量多次喝。

白开水为最佳选

身体补充水分的最好方式是喝白开水，既安全卫生又不会增加能量，还不用担心“糖”过量带来的风险，可以少量多次的将喝水分配到一天中的任何时刻。

另外，孕妈妈可以适量喝绿茶，每天 2 ～ 5 克为宜，但是不宜喝浓茶，也不宜喝红茶。而茶饮料虽然也带“茶”字，但是属于饮料，会添加糖和其他调味剂，因此不推荐。

少喝或不喝饮料

市面销售的大部分饮料含糖都在 8% ～ 11%，有的甚至高达 13% 以上，加上饮用量大，很容易不知不觉就超过每天摄入添加糖 50 克的限量。饮料的甜味会刺激味蕾，增加愉悦感，但是多饮含糖饮料很容易造成肥胖、妊娠糖尿病等，建议逐渐减少饮用，最好不喝。

运动胎教：侧伸展

孕中期，是胎宝宝生长加速期，孕妈妈适当做运动不仅能让自身身体舒适感提升，更有利于保持心情愉快，对胎宝宝的生长也有促进作用。这套侧伸展运动可以增强腹部肌肉的力量，减轻下背部的负担。

1 站姿，双脚分开与肩同宽，略呈外八字张开，双手在背后交叉紧握，背部挺直。

2 左脚向前迈一步，避免腹部受到压力。

3 上半身慢慢向下弯曲，尽量与地面平行，如果做不到也不要勉强。

4 双手紧握在背后交叉，向上抬起，抬至自己能接受的最大高度，头颈自然下垂，保持姿势 3~5 秒。慢慢还原到步骤 1 姿势，打开双臂放松 10 秒，然后换右腿重复动作。

阅读胎教：《狐狸大婶的鞋子》

孕妈妈说

宝贝，今天我们来听一个关于互相帮助的故事。希望我的宝贝将来也是一个喜欢关心别人，帮助别人的孩子。

森林里住着一只狐狸大婶，心灵手巧，会做各种漂亮的鞋。小动物们都喜欢狐狸大婶做的鞋子，这鞋子底下还长着眼睛呢，在路上不会踢到小石子，在田里也不会踩到小苗。上一次小刺猬贪玩迷了路，穿着狐狸大婶做的鞋子竟然找到了家。

狐狸大婶每天都忙着做鞋。白天她就坐在大树底下一针一线地纳鞋底，晚上她就在灯下缝鞋面。小动物们都穿上了狐狸大婶做的鞋，可狐狸大婶却累得腰也弯了，背也驼了。

又一个冬天到了，狐狸大婶好着急，因为小象还没鞋子穿呢。耳旁一阵轰隆隆的声音传过，好像有辆汽车开过来又开走了，还听见小象、小兔、小猴的脚步声。可是狐狸大婶顾不上抬起头看热闹，她得赶在天冷之前给小象把鞋子做好。

等到做完鞋底，狐狸大婶一抬头，咦，怎么多了一座新房子呀？小动物们正在里里外外地忙碌着，收拾房子呢。小象伸出长鼻子，正往新房上拉电线呢。看见狐狸大婶过来，大家都很高兴，七嘴八舌地说："狐狸大婶，这新房子是给您盖的。您以后就不用担心雪花飘进屋里了。"

狐狸大婶开心地笑了，笑得眼里泛出泪花。

手工胎教：折桃子

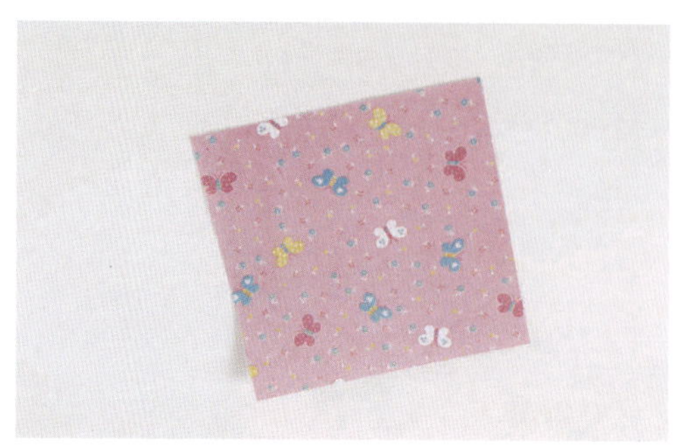

1. 准备一张正方形的纸。

2. 沿对角线折叠后打开。

3. 沿另一对角线折叠。

4. 以顶点为中心，折合成三角形。

5. 折好三角形的样子。

6. 将一角折起。

7. 另一角也折起。

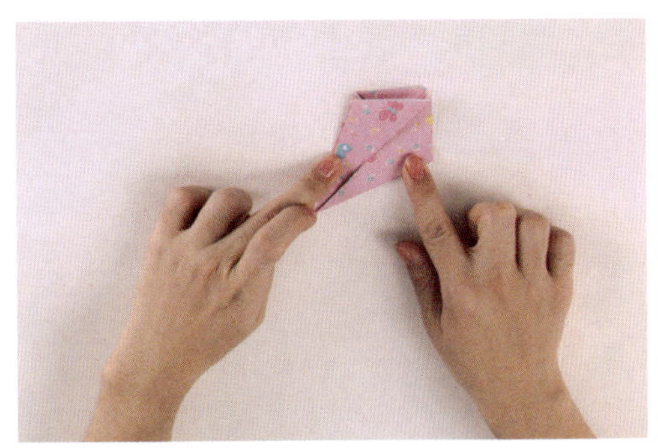

8. 翻转，按照同样的做法把其他两角也折起。

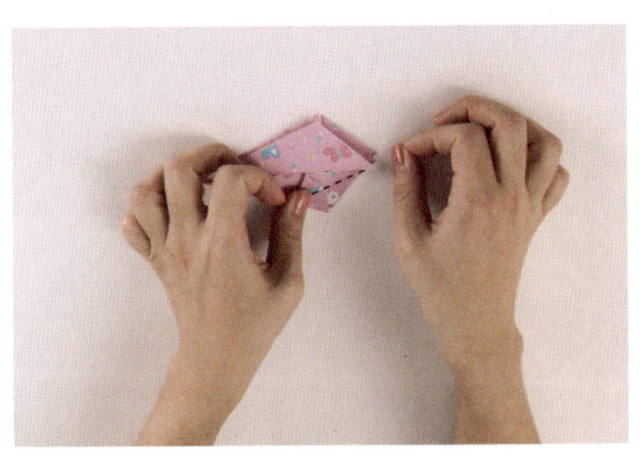

9. 沿斜线折起。

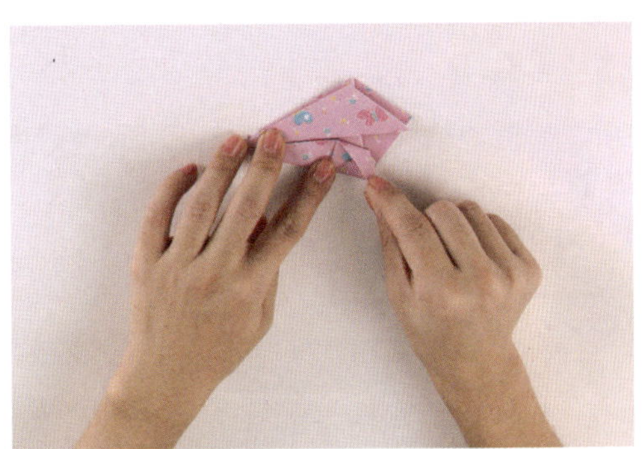

10. 小角向外翻。

11. 同样的做法，四个角分别折起。

12. 折好后，把纸桃吹鼓。

13. 做好的样子。

音乐胎教：《爱之梦》

孕妈妈说

这首《爱之梦》，是匈牙利作曲家李斯特的杰作，主旋律表达的是，爱吧，能爱多久就爱多久。这是不是也是你现在最想表达的？亲爱的小天使，我爱你！

什么时候听

只要孕妈妈心情不错，在任何时间——无论是早晨、午睡前或是晚饭后，都可以打开音响，让这甜美的旋律飘扬起来。

怎么听

胎教音乐的背景以孕妈妈的感受舒适为宜，听几次根据个人感受决定，也可以当作生活的背景音乐。最关键一点，不要强迫自己听，不给自己加任务，一切顺其自然，这样才能达到真正愉悦心情的目的。

关于这首曲子

乐曲刚开始就是甜蜜的调子，充满着爱的柔情和愉悦。这一旋律重复一遍后，乐曲随着情绪的波动变得更加热情，旋律渐渐上扬，充满了幸福的味道。在梦一般美丽的旋律中，恋恋不舍地结尾。

准爸爸胎教：陪妻子玩玩填字游戏

孕妈妈填好后给胎宝宝多念几遍，别忘了把这些成语的意思也解释给他听，他可是非常好学的宝宝呢。

题目

天	女	散				
大						不
地						惊
			市			
地			井			定
回			小			胜
春	色	撩		定	胜	天

天	女	散	花	香	鸟	语
大			陌			不
地			柳			惊
大	行	大	市	井	小	人
地			井			定
回			小			胜
春	色	撩	人	定	胜	天

第 27 周

营养胎教：偏素食的孕妈妈怎么吃

胎宝宝心声

妈妈，我喜欢多种多样的营养，这样我才能又聪明又漂亮，拜托您食材选择要丰富些啊。

偏素食孕妈妈因为不吃或少吃畜肉、禽肉、鱼类，容易出现蛋白质、维生素 B_{12}、多不饱和脂肪酸、铁等缺乏，因此合理搭配饮食，食用不同种类的食物来摄取相应的营养特别重要。

增加大豆及其制品的摄入

大豆及其制品所提供的优质蛋白质可以媲美动物性蛋白质，应成为素食人群获取优质蛋白质的主要途径。同时还可以提供铁、钙等营养成分。大豆及其制品的摄入每天要达到 50~80 克才能满足需要，其中最好包括 5~10 克的发酵豆制品，比如纳豆、味噌等，以保证摄入足量的维生素 B_{12}。

经常吃坚果

核桃、松子、腰果等坚果可提供丰富的不饱和脂肪酸、钙、锌等成分，有利于促进胎宝宝的大脑发育，建议素食孕妈妈每天吃 25~30 克。

蔬菜的摄入量要充足

每天达到 500 克左右的蔬菜摄入量，并且绿叶蔬菜占到一半以上，以获取丰富的矿物质和维生素。同时还要多吃菌藻类食物，可提供多不饱和脂肪酸、蛋白质、膳食纤维、多种矿物质等，有助于预防妊娠并发症。

经常变换不同种类的植物油

满足人体对必需脂肪酸的需要，比如大豆油、菜籽油、紫苏油、橄榄油都是不错的选择。但是植物油每天的摄入量以 25~30 克为宜，不能过量，否则会增加心血管等疾病的患病风险。

更要注意补铁

偏素食的妈妈可以多选择一些黑芝麻、紫菜、木耳、菠菜、豆腐干、蛋黄等食物。在摄入上述食物补充铁时，应同时选择富含维生素 C 的食物或补充维生素 C 制剂，以提高铁的吸收率。

运动胎教：门闩式

门闩式运动可以拉伸孕妈妈的背部，有助于增强腰腹部血液循环。经常练习能让身体有柔软感，也会让胎宝宝感觉更舒服。

1 跪姿，挺直腰背，右腿向右侧伸直，吸气，双手臂侧平举。

2 呼气，上身缓慢向右侧弯曲到最大限度，右手落在右腿上，左臂向头顶上方拉伸。

第2步也可以改成双手在头上方合并，身体向右侧弯曲。对侧亦可。

3 吸气，慢慢抬起上身，收回右腿，还原到第1步，再做对侧练习。

阅读胎教：《小壁虎和它的尾巴》

孕妈妈说

宝贝，今天给你讲一个小壁虎和它的尾巴的故事。有一只小壁虎嫌弃自己的尾巴不好看，后来它却改变了这种看法。到底发生了什么呢？

谁的尾巴长，谁的尾巴短，谁的尾巴好像一把伞？

猴子尾巴长，兔子尾巴短，小松鼠的尾巴好像一把伞。

…………

“谁在唱歌呢？噢，是在河边玩的几个小朋友呀！”一只小壁虎爬呀爬，爬到小河边，被这首歌迷住了。他转啊转，探出尾巴，在水中“照镜子”。

“这是我的尾巴吗？唉……”小壁虎觉得自己的尾巴不好看，他想了想，决定借条尾巴。

它向小鱼借，小鱼说：“对不起，我要用尾巴划水呢。”说着甩着漂亮尾巴游走了。

它向小猴子借，小猴子说：“对不起，我要用尾巴攀枝跳跃摘果子。”说着把尾巴挂在果树上荡起了秋千。

小壁虎看到大家的尾巴既漂亮又有用，难过地低下了头，连来了一条蛇都没注意到。蛇一口咬住了小壁虎的尾巴，小壁虎一挣，虽然逃走了，但尾巴却断了。没有尾巴更难看啦！小壁虎羞愧地躲起来。

天黑了，小壁虎的妈妈找到了他，看看小壁虎，什么都明白了，说：“宝贝，你看！”说着跳起了尾巴舞。

小壁虎欢呼起来：“妈妈跳得真好看，妈妈的尾巴真漂亮。”可想到自己的尾巴已经没了，哇哇哭起来。

妈妈告诉他：“我们的尾巴就是用来逃生的，还能长出新尾巴。”小壁虎转身一看，新尾巴已经长出来啦。

手工胎教：绣一幅十字绣

十字绣是一种能简单上手的刺绣方法，即便孕妈妈没有经验，也能很快学会。

孕妈妈在做十字绣时，可以放一首轻柔舒缓的音乐，在优美的旋律中一针一线地织出美丽的作品。还可以跟胎宝宝聊聊天，说一说正在为胎宝宝绣的东西，如枕套、围兜或儿童被等，或者说说对某种颜色的喜好，通过和胎宝宝互动来充分调动胎宝宝的积极性。孕妈妈心情会因此变得非常好，等到完工的时候会有一种极大的成就感。

保持舒适的姿势

刺绣的时候要在腰后垫一个垫子，保持舒适的姿势。做十字绣需要孕妈妈盯着针尖，精神都集中在针尖上，所以很容易疲劳。孕妈妈也不适合长久保持刺绣的姿势，因此，每次刺绣的时间应该控制在 1 小时之内。

音乐胎教：《雨之歌》

勃拉姆斯是德国作曲家，他的作品兼具了古典主义和浪漫主义风格，被认为是贝多芬以后最伟大的交响曲作曲家之一。休息的时候，孕妈妈坐下来聆听勃拉姆斯的这首《雨之歌》吧，感受它倾诉般的深情。

怎么听

《雨之歌》是一首小提琴奏鸣曲，也是勃拉姆斯充满柔情的乐曲之一。有一些精细的乐句和行云流水般的旋律，使人隐约感受到抒情的、田园诗般的风格：优雅、亲近、直抵人心。这个乐曲有三个乐章，它们联系紧密、浑然一体，散发着浪漫温馨的气息。第三乐章中钢琴部分连绵不断的八分音符隐喻着淌落的雨滴，引发人对美好时光的怀念。

它的主题是在勃拉姆斯的一首歌曲《雨之歌》的基础上发展而来的。歌词写道："唤醒我的童年和梦想吧，雨呵，忆起我那些旧时的老歌。"孕妈妈是不是也被唤起了怀旧之情？脑海里是否也出现了一个风景如画的地方呢？将心灵深处那些美好的记忆分享给胎宝宝吧。

关于这首曲子

这是勃拉姆斯在风景如画的奥地利沃特湖畔的乡村写的。当时勃拉姆斯的师母克拉拉正遭遇不幸：失去了女儿，大儿子被送进精神病院，小儿子又患上肺结核。勃拉姆斯非常关心她和她的孩子。但是细细品味这首曲子，却发现它并不单纯是一首抒发悲哀情调的乐曲，而是充满了内敛的情感和自然的气息。

第 28 周

营养胎教：孕期补对营养产后乳汁足

胎宝宝心声

妈妈，您的乳汁是我最棒的食物，对我的健康也十分重要，给我准备充足哦！

孕期的营养储备，不只为了满足孕妈妈自身的身体变化和胎宝宝生长发育的需要，也是为产后哺乳做准备。孕期营养储备得好，产后乳汁分泌得就多，乳汁的质量也高。

孕期平衡膳食，并保持适宜的体重增长，使得孕妈妈身体有适当的脂肪储备和营养储备，有利于产后泌乳。孕期增加的体重中，有 3000 ~ 4000 克是为了产后哺乳做准备的。在营养均衡的基础上，注重优质蛋白质、脂肪以及钙等的摄入，能在一定程度上保证产后乳汁的分泌。

蛋白质

整个孕期都要注重蛋白质的摄取，尤其是优质蛋白质的摄取，以保证胎宝宝的健康发育。乳母的蛋白质要从孕期开始储备，蛋白质储备状况良好，能促进产后泌乳，对宝宝成长有益。瘦肉类、蛋、鱼类、大豆及其制品、奶及奶制品都是优质蛋白质的良好来源。

孕中晚期每日蛋白质摄入量为 70 ~ 85 克，大约为 250 克鸡肉 +300 克豆腐的量。

脂肪

脂肪是胎宝宝身体和大脑发育必需的物质，也是孕妈妈分泌乳汁必需的营养储备。各种鱼类、去皮禽肉以及核桃等坚果中的脂肪为好脂肪。

孕中晚期每日摄入热量要达到 2100 千卡。

钙

孕妈妈要注重孕期钙的补充，以满足自身和胎宝宝的发育需要，孕期钙质储存充足，有利于产后哺乳。补钙需要持之以恒，才能收到明显的效果。奶及奶制品、大豆及其制品、虾皮、芝麻酱以及小油菜、小白菜、芹菜等绿叶菜都是高钙食物。

孕中晚期每日钙摄入量为 1000 毫克。

运动胎教：桥式

桥式运动可以增加腰、臀、腿部的力量，还有助于放松紧张的肩颈。孕妈妈的身体舒展了，对胎宝宝的生长有促进作用。

1 平躺于地面上，屈膝，双脚分开与肩同宽，手臂平放在身体两侧，手心朝下。

2 臀部收紧，抬起骨盆，慢慢向上抬起臀部，脊椎缓慢离开地面，直到臀部达到最高位置。

3 左腿抬起，左脚放于右膝，保持3~5个回合的呼吸后，恢复1的动作。

4 反方向同样练习。

阅读胎教：《画龙点睛》

孕妈妈说

宝贝，我们今天来讲一个画龙的故事。龙是传说中的一种神奇的动物，咱们中国人就是龙的子孙。

古时候，有个画家叫张僧繇（yáo）。他画的画好极了：他笔下的人好像能开口说话，鸟好像能展翅飞翔，连皇帝都很喜欢他的画。

有一年，皇帝请张僧繇为新建的寺庙安乐寺画画。张僧繇画了3天，终于画好了。

人们急着来看他的画，只见四面的墙壁上画的是四条龙，周围是一片一片的五彩祥云，龙好像在云中穿梭，活灵活现。突然，一个人指着画说："大家快看，这龙怎么没有眼睛呀？"大家疑惑地看着张僧繇，张僧繇笑笑说："我是故意不画眼睛的，要是画上了眼睛，龙就该飞走喽。"

人们以为画家在说笑话，有的还说张僧繇在吹牛。

张僧繇没办法，就拿起笔，给其中的两条龙画上了眼睛。忽然间，雷声隆隆，电光闪闪，两条画了眼睛的龙在画上的云彩里动了起来，最后，"嗖"的一声，真的飞走了。墙上，只剩下那两条没点眼睛的龙。

最后，大家再也不让张僧繇给龙画眼睛了。

美育胎教：《阿波罗和九个缪斯》

这是法国象征主义画家居斯塔夫·莫罗的作品。他的作品主要从基督教传说和神话故事中取材，有很强的隐喻性。

看，在这幅画中，阿波罗裸体坐在树前，神色端庄，似乎正酝酿着什么。而在她的背后是九个不同个性气质的缪斯。画家用写实的手法让画面充满了神话般的诗意，并强调了神话情节的庄重感与虚幻感，将浪漫气息和象征意义完美结合。

Part 3

孕晚期，
让胎宝宝拥有丰富的情感

孕8月

让胎宝宝感受到你的乐观和坚强

孕期没有讲故事而是听故事

好遗憾呀

宝妈：我在孕期没有读胎教故事，但是我经常听一些胎教故事，有时候一边忙着自己的事儿一边听，也不知道效果好不好。

胎教最好是互动式的

不留遗憾

马大夫：我们说胎教其实就是亲子之间的沟通，需要静静享受亲子时光。喜欢听音频故事是没问题的，但是孕妈妈最好安安静静地和宝宝一起听，可以坐在床上或沙发上，望着肚子，轻轻抚摸，让胎宝宝感受到你对他的爱。

孕晚期睡眠很差，没坚持胎教

好遗憾呀

宝妈：我在孕晚期有一段时间，总是睡不好觉，白天也没精神，之前坚持做胎教，但那段时间就中止了，整个人的状态很不好。

提升睡眠质量，创造良好的宫内环境

不留遗憾

马大夫：为胎宝宝创造舒适安定的宫内环境，就需要孕妈妈保证充足、高质量的睡眠。如果单纯是睡眠不好，可以尝试在睡觉前泡泡脚，喝杯热牛奶，听听轻音乐。如果是身体不适引起的失眠要及时咨询医生。如果是心情方面的因素导致的长时间失眠，可以咨询心理医生。

有生存能力了

头发 胎宝宝已经长出胎发。

皮肤 胎宝宝皮肤的触觉已发育完全，皮肤由暗红变成浅红色。

内脏器官 肺和胃肠功能已接近成熟，能分泌消化液。

四肢 手指甲已很清晰。身体和四肢还在继续长大。

胃部受挤压

- 孕妈妈的肚子越来越大，子宫内的活动空间越来越小了，时而会感到气短；乳头周围、下腹及外阴部的颜色越来越深，肚脐可能被撑胀向外凸出。
- 可能会出现妊娠水肿；阴道分泌物增多，排尿次数也更频繁了；还可能出现失眠、多梦，进而加重紧张和不安。

本月所需关键营养

增加蛋白质

- 孕晚期是胎宝宝生长加速期，需要更多的蛋白质供给。
- 鱼、鸡肉、鸭肉、大豆、豆腐等。

供给牛磺酸

- 能提高视觉功能，促进视网膜的发育，同时促进大脑发育。
- 牡蛎、扇贝、墨鱼、动物肝脏等。

补充DHA

- DHA 参与胎宝宝脑细胞的形成和发育，孕晚期是胎宝宝大脑的又一高峰，一旦缺乏会影响胎宝宝的智力。
- 橄榄油、核桃、三文鱼等。

第 29 周

情绪胎教：正确面对产检结果

做好产检是确保孕期平安顺利的重要前提。面对产检，孕妈妈最担忧的就是，检查结果有问题怎么办。其实单靠一次的检查结果异常并不能说明问题，当某项检查结果有问题的时候，医生会根据情况进一步排查，很可能这一次的数值有偏差而下一次就正常了。孕妈妈们一定要放轻松，过于紧张的心情是不利于胎宝宝发育的。万一遇上一些特殊的情况，也要听从医生的建议与指导，进行必要的诊断性检查。

医生只提供选择，主意你要自己拿

产检是确保优生优育的重要手段之一，是针对大众化的常规检查和筛查，主要在于预防和及早发现一些常见、高发孕期疾病，如妊娠期高血压、妊娠期糖尿病等。如果产检有这些征兆，在医生的指导下进行处理和治疗，大部分孕妈妈是可以顺利过关的。

对可治疗的疾病，医生会建议采取措施干预治疗。如果产前诊断的结果也不尽如人意，医生可能会给出终止妊娠的建议，但是最终的决定权在准父母手里。比如，唐氏（唐氏综合征，又名 21- 三体综合征）筛查高危，需要进一步的对胎儿染色体进行产前诊断检查，明确诊断后，与医生讨论是否终止妊娠。

这个话题可能有点沉重，但是相信做好为人父母准备的你，是能够直视这些问题的。不管孕期遇到什么问题，希望准爸妈们做出理智而无悔的决定。

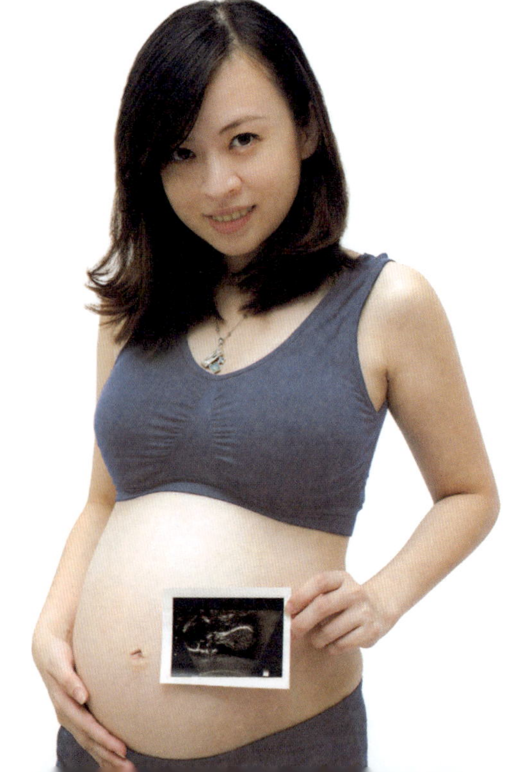

营养胎教：每天增加450千卡热量，每周增重不超过400克

胎宝宝心声

妈妈，孕晚期最容易长肉了，我不想长成巨大儿，也不想您有妊娠并发症，我们都不要体重超标哦！

孕晚期，胎宝宝生长迅速，孕妈妈每天需要增加 450 千卡热量才能满足需要，在孕前平衡膳食的基础上，每天增加 200 克奶，鱼、禽、蛋、瘦畜肉共计约 125 克，每周增重不宜超过 400 克，以免增加患妊娠高血压等风险，以及孕育巨大儿，或难产的风险等。

孕晚期蛋白质每天摄入 85 克

孕晚期要满足胎宝宝生长发育的需要，每天蛋白质的摄入量要增加到 85 克。如果蛋白质摄入严重不足，也是导致妊娠高血压发生的危险因素。所以孕妈妈每天都应摄入充足的蛋白质，并注意优质蛋白质的比例应达到总蛋白质摄入量的一半，优选低脂肪的肉类、鱼类、蛋类、大豆制品等。

适当限制脂肪总量摄入，避免胎儿太大影响分娩

孕中期是补充脂肪最好的时期，孕晚期是胎儿生长最快的阶段，也是胎儿脂肪细胞的增殖敏感期。孕妈妈饮食上要对脂肪适当限制，以免热量过多导致胎儿长的太大，影响分娩。

适当摄入碳水化合物，但要避免热量过多

孕妈妈在孕期要保证碳水化合物的摄入，每天摄入 130 克左右为宜，相当于一中碗（约 30 克）面条加两根玉米。否则会出现低血糖、头晕、乏力等症，同时也会影响胎宝宝的发育。但是孕妈妈摄入碳水化合物的量也不宜过多，否则会导致体内储存多余的糖分，进而引发肥胖等，对孕妈妈和胎宝宝健康都不利。

运动胎教：蹲式

进入孕晚期，分娩的日子越来越近了，孕妈妈这一时期身体不如孕中期灵便，做运动的时候不要勉强。蹲式运动适合孕晚期，可以帮助打开骨盆，还能促进胎头下降。

1 站立，双脚分开大约1.5个肩宽，呈外八字，双手体前十指交叉，双臂轻松下垂。

2 呼气，双脚转为脚尖朝外，弯曲双膝，慢慢将身体下降30厘米，保持3个回合的呼吸。

3 吸气，慢慢伸直双膝，呼气，再次弯曲双膝，这次将身体下降得更低一些，争取让大腿与地面平行（如果做不到，不要勉强）。保持3个回合的呼吸。

4 吸气，慢慢伸直双膝；呼气，双手在胸前合十，身体慢慢蹲下，左右小臂尽量保持在同一水平线。（下蹲的幅度整体要依个人情况而定，不要勉强）

5 吸气，缓慢向上伸直双膝；呼气，全身放松；恢复步骤1。

阅读胎教：《水调歌头·明月几时有》

孕妈妈说

宝贝，今天我要给你朗诵一首词《水调歌头·明月几时有》。这是宋代大文学家苏轼写的，借中秋对月亮的咏叹表达了思念亲人的情感。

水调歌头·明月几时有

宋·苏轼

明月几时有？把酒问青天。
不知天上宫阙，今夕是何年。
我欲乘风归去，又恐琼楼玉宇，
高处不胜寒。
起舞弄清影，何似在人间？
转朱阁，低绮户，照无眠。
不应有恨，何事长向别时圆？
人有悲欢离合，月有阴晴圆缺，
此事古难全。
但愿人长久，千里共婵娟。

释义

月亮什么时候开始出现的呢？我端起酒杯问上天。不知道天上的宫殿，现在是哪年哪月了。我想乘着风回到天上，又怕在美玉砌成的宫殿里，受不住高耸九天的寒冷。翩翩起舞，玩赏着月下清影，哪像是在人间呀？月亮转过朱红色的楼阁，低低地挂在雕花的窗户上，照着没有睡意的我。明月不该对人们有怨恨呀，但为什么偏偏在人们离别时才圆呢？人有悲欢离合的变迁，月有阴晴圆缺的转换，这种事自古难以周全。只希望所有人的亲人都能平安健康，就算相隔千里，也能共享这美好的月光。

准爸爸胎教：陪妻子做一做手指操

准爸爸陪孕妈妈做一些互动性的手指操，不仅能起到陪伴的效果，还会让孕妈妈心情愉悦，一举两得。下面这套适合两个人做的双人猜拳游戏就非常有趣。

双人猜拳游戏的玩法

1. 两人同时做出猜拳（剪子包袱游戏）动作，迅速判断输赢，然后赢的一方用手比出“○”，输的一方用手比出“×”，动作相同时比“○”。一边做动作一边有节奏地说“剪子包袱锤！圈圈，叉叉”。

2. 猜拳的动作要连续，做错动作的一方算输，可以接受一些小惩罚。

3. 玩过几局后可以改变输赢的手势方式，比如输得比“○”赢的比“×”，动作相同时比“×”，打破大脑的思维模式，增强对大脑的刺激。

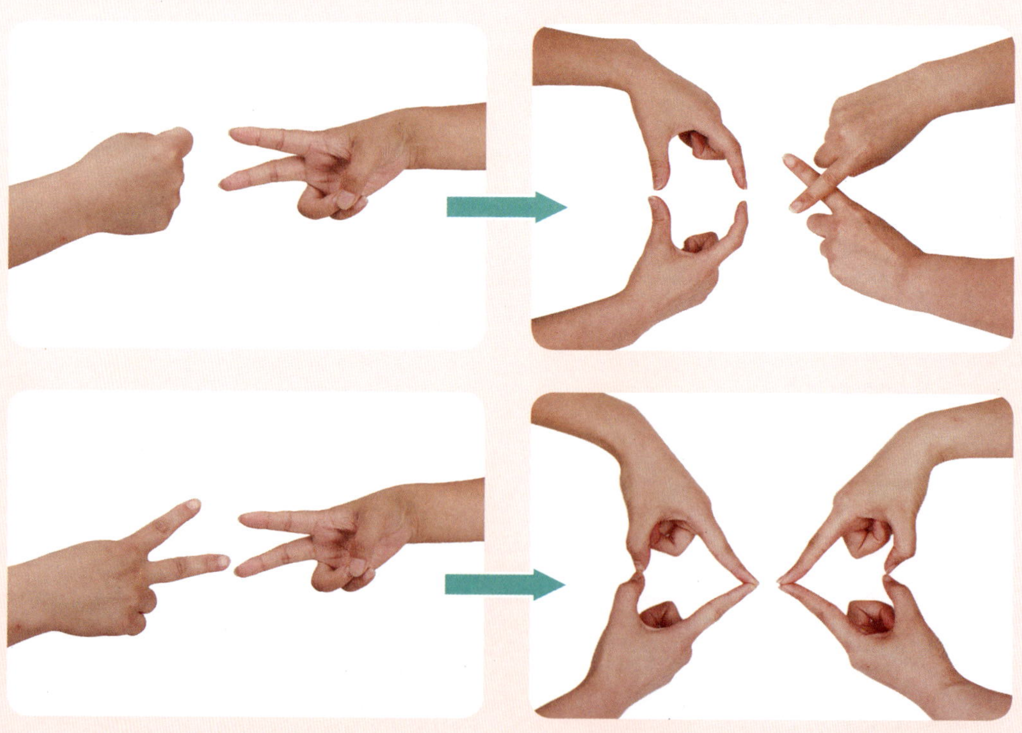

第 30 周

营养胎教：孕晚期饭量减少，多选高营养密度食物

胎宝宝心声

妈妈，我又长大了很多，把您的子宫撑得像哈密瓜那么大了，膨大的子宫把您的胃挤压得很小，所以您吃点就饱。抱歉了，妈妈。

孕晚期胎宝宝在子宫内迅速增大，孕妈妈的胃受到压迫，饭量也随之减少。此时，需要采用两种方法来补充营养，一种是少食多餐，既能减轻胃部不适，又能通过多吃进食来补充营养，另一种方法就是选营养密度高的食物。

选营养密度高的食物

营养密度是指单位热量的食物所含重要营养素（维生素、矿物质和蛋白质）的浓度。一口咬下去，能获得更多有益成分的，就是营养密度高的食物；相反，一口咬下去，吃到的是较高的热量、较多的油脂，就是营养密度低的食物。此时孕妈妈饭量变小，为了不减少营养的摄入，就需要选择营养密度高的食物。

营养密度高的食物

- 新鲜蔬菜
- 新鲜水果
- 粗粮、杂豆、薯类
- 鱼虾类
- 瘦畜肉、去皮禽肉
- 奶及奶制品
- 大豆及其制品

营养密度低的食物

- 高糖高添加剂食物：起酥面包、蛋黄派等
- 高盐食物：榨菜、腐乳、豆瓣酱等
- 高脂肪食物：肥肉、猪皮、猪油、奶油、棕榈油、鱼子，以及炸鸡翅、炸薯条、油条等油炸食物
- 碳酸饮料等

运动胎教：站立抬腿

孕晚期，孕妈妈的肚子更大了，对下肢的压力增大，有的孕妈妈会出现孕期水肿的情况。增加腿部锻炼，可以促进下半身的血液循环，改善不适感。

1

站姿，双手叉腰，双腿分开与肩同宽，微屈膝（平衡不好的可以一手扶墙）。

2

吸气抬左腿，脚踝放在右大腿上方，双手于胸前合十，同时呼气，臀部微往下坐，身体重心稍微向前，保持平衡，3 个呼吸。

3

还原，换反侧。

阅读胎教：《三个和尚》

孕妈妈说

宝贝，今天我们来讲三个和尚的故事。故事是说从前有一座庙，一个和尚的时候他自己挑水喝，两个和尚的时候抬水喝，三个和尚的时候却没水吃了。到底发生了什么？

从前有座山，山上有座庙，庙里住着一个小和尚。小和尚每天自己挑水、念经、敲木鱼，夜里不让老鼠来偷东西，日子过得很舒服。

不久，来了位高个儿和尚。他渴极了，一到庙里就把半缸水喝光了。小和尚让他去挑水，高个儿和尚心想：一个人挑水太吃亏了，就要小和尚和他一起去抬水。抬水的时候，水桶必须放在扁担的中间，要是不在中间，两个人就推来推去，谁都不想多出一点力气。不过，总算还是有水喝。

后来，又来了个胖和尚。他也想喝水，但恰好缸里没水了。小和尚和高个儿和尚让他自己去挑，胖和尚挑来一担水，立刻一个人喝光了。从此他们都怕多出力气谁也不去打水了，三个和尚就没水喝了。

大家各念各的经，各敲各的木鱼，就算夜里老鼠来偷东西也没人管。一次老鼠打翻了烛台，引发了大火。和尚们这下慌了神——都争着挑水救火。

大火扑灭了，他们也明白了一个道理：大家齐心协力才有水喝。

音乐胎教：《雨点前奏曲》

这是伟大的钢琴家肖邦的作品，细细品味就能体会到曲子展现了雨中的情境。

什么时间听

孕妈妈可以在早上醒来或是黄昏时分和胎宝宝一起听这首曲子。

关于这首曲子

这首曲子开始时，有些像窗外下的细雨，后来慢慢发展到倾盆大雨。在这首曲子里，一会儿是细雨，一会儿是倾盆大雨，整个曲子的雨点一直在持续，直到曲子结尾，带来的是一种余味悠长的感觉。

关于肖邦

肖邦是波兰伟大的作曲家、钢琴家。在母亲的影响下，他从小就对波兰的民间音乐十分熟悉和喜爱。6 岁就开始学习钢琴，7 岁学习作曲，8 岁便在音乐会上登台演出，16 岁时进入华沙音乐学院作曲班，不到 20 岁已是华沙很有名的钢琴家和作曲家了。

手工胎教：折纸葫芦

孕妈妈说

宝贝，今天我们来折一个纸葫芦吧。这对妈妈来说很有挑战呦。

折纸葫芦的步骤

1.准备一张正方形的纸，先对角线对折。

2. 打开后，沿另一对角线对折。

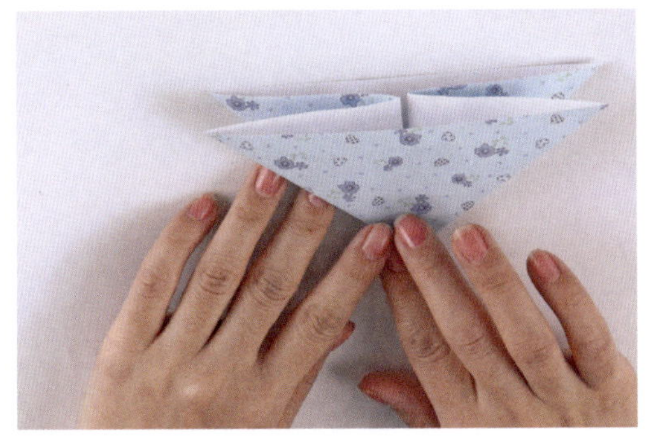

3. 如图所示沿折线折成三角形。

4. 将右上角向上对折，左上角同样向上对折。

5. 四个角分别折起，形成一个小方块。

6. 将小方块的前后四个角，分别折起。

7. 打开其中的一个角，按折过的痕迹折过来，把右上角的角用手压过来，折回来，左边的角向右折。

8. 同样的方法，折其余三个角。

9. 折完四个角后向小孔处吹一口气，让作品鼓起，纸葫芦做好了。

第 31 周

营养胎教：预防妊娠高血压，烹调方法很重要

胎宝宝心声

妈妈，太咸的食物可能会导致身体缺钙、血压升高。如果您总是爱吃咸的食物，那我长大后患慢性病的概率也会增加的。

减少烹调用盐的方法

最后放盐：这样盐分散于菜肴表面还没来得及深入内部，吃上去口感够了，又可以少放盐。

适当加醋：酸味可以强化咸味，哪怕放盐很少，也能让咸味突出。醋还能促进消化、提高食欲，减少食材维生素的损失。柠檬、柚子、橘子、番茄等酸味食物也可以增加菜肴的味道。

利用油香味增强味道：葱、姜、蒜等经食用油爆香后产生的油香味，能增加食物的口感。

不喝汤底：汤类、煮炖的食物，盐等调味料往往沉到汤底，因此最好不喝汤底，以免盐摄入过多。

揪出隐形盐

除了食盐的摄入量，很多食物中也潜藏着盐，要少吃这些食物；吃了这些食物就减少烹调用盐，以免一天的盐分摄入超标。

- **1 片约 25 克全麦切片面包**
  约含 2 克盐，
  占全天吃盐总量的 33%。
- **10 克奶酪**
  约含 4 克盐，
  占全天吃盐总量的 67%。
- **10 克豆瓣酱**
  含有 1.5 克盐，
  约占全天吃盐总量的 25%。
- **100 克龙须面**
  精制龙须面含钠高达 292.8 毫克，折合成盐是 7.3 克。

运动胎教：下犬式

瑜伽动作中的下犬式，能够强化伸展胸腔，还能提升腰背的肌肉力量，缓解身体的疲劳感，尤其适合久站久坐的孕妈妈。

1 站立，双脚分开略比肩宽，双臂向上伸举，手心相对。

2 上身前屈，双手碰触地面，腿部保持挺直（如果做得困难，也可以弯曲膝盖来完成动作）。

3 双手掌慢慢撑地，双腿向后移动一步距离，头部自然下垂，调整姿势保持身体稳定，同时配合 3~5 次呼吸。

4 还原身体：先向前走步，调整到自己感到合适的距离，依次抬起背部、肩部和头部，还原站姿，双手自然垂放身体两侧，呼气放松。

阅读胎教：唐诗两首

孕妈妈说

宝贝，我们今天来学习两首唐诗吧，唐诗的韵律非常美，朗朗上口，多朗读几遍就能了解其中的意思了。

绝句

唐·杜甫

两个黄鹂鸣翠柳，
一行白鹭上青天。
窗含西岭千秋雪，
门泊东吴万里船。

两只黄鹂鸟在绿绿的柳枝上婉转歌唱，白鹭排着整齐的队伍飞上了天空。从窗口望去，可以看见西岭千年不化的积雪，门口停放着从东吴千里迢迢而来的船只。

咏柳

唐·贺知章

碧玉妆成一树高，
万条垂下绿丝绦。
不知细叶谁裁出，
二月春风似剪刀。

释义

柳树就像是用绿色的玉装扮成的，垂下千万条绿色的像丝带一样的柳条。这一片片柳叶，是谁剪出来的呢？哦！是二月的春风，它就像剪刀一样，剪出了片片柳叶。

美育胎教：《蒙娜丽莎》

今天孕妈妈来欣赏一幅名画作品——《蒙娜丽莎》吧，这是文艺复兴时期画家列奥纳多·达·芬奇所绘的一幅肖像画。画中的女主人公是佛罗伦萨一个富商的妻子。画中，她的微笑恬静、优雅、神秘，令人倾倒。

欣赏这幅画时，要感受画的意境，然后闭上眼睛，让画在脑海里呈现，用心体味微笑中的情感，是不是觉得对腹中胎宝宝的爱意更深了呢？

准爸爸胎教：用手语和胎宝宝打招呼

早上起来，孕妈妈、准爸爸不要忘了跟宝宝打个招呼，可以直接说“早上好”，也可以用手语跟宝宝问好。

早上好

早上：一手四指与拇指相捏，手背向上横放在胸前，缓缓向上竖起，五指逐渐松开，象征天色由暗转明。

好：一手握拳，拇指向上。

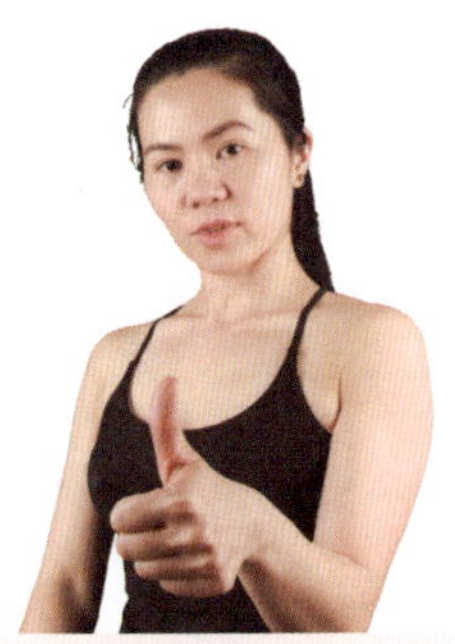

晚上好

晚上：一手四指并拢与拇指成 90 度直角，放在眼前。再慢慢做弧形下移，同时五指捏合，象征天色由明转暗。

好：一手握拳，拇指向上。

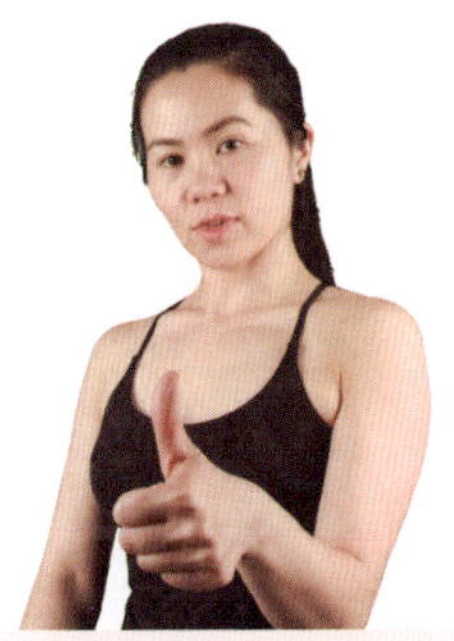

第32周

营养胎教：每天都要摄入奶和奶制品

胎宝宝心声

妈妈，奶类食物能给我很多钙，还有脂肪和维生素A，都是超级棒的营养，能让我拥有结实的骨骼和很好的视力。

牛奶和奶制品，营养丰富、易消化吸收，富含蛋白质、维生素A、维生素B_2及钙、磷、钾等多种矿物质，是膳食钙的最佳来源，也是优质蛋白质的良好来源。孕晚期开始，孕妈妈需每天摄入300~500克奶或奶制品。

每天一杯酸奶，补钙、调理肠道

酸奶最大的特点是含有乳酸菌，能够维护肠道菌群的生态平衡，抑制有害菌的活动，令肠道环境保持健康，可有效缓解慢性便秘。孕妈妈饮用酸奶可以促进肠道健康，对上班久坐的孕妈妈来说更加有益，可以防止因缺少运动而导致的消化不良。酸奶中的钙含量很高，是补钙的不错选择。体重增长较快的孕妈妈建议选择低脂酸奶或无糖酸奶。

多食奶及奶制品补足钙

整个孕期都要注意钙的补充，补钙最好的食物就是牛奶、酸奶、奶酪。这些食物的钙含量虽然不是最高的，但吸收率是最好的。孕晚期每天钙的摄入量要达到1000毫克才能满足需求。需要注意的是，现在的很多孕妇奶粉添加了多种维生素、矿物质、DHA等成分，在选择时要注意计算各类营养的总量，不要摄入过量。

喝牛奶腹胀的孕妈妈怎么办

有的孕妈妈喝奶后会出现腹胀、腹部不适、排气增加，这是因为不能分泌足够的乳糖酶来消化牛奶中的乳糖所致，即乳糖不耐受。这些孕妈妈喝牛奶的时候可以采取少量多次的原则，让肠道逐渐习惯，一定不要空腹喝牛奶，应先吃一些面包、馒头等主食，再喝牛奶来降低不适感。乳糖含量极低的低乳糖牛奶，比如舒化奶也是不错的选择。

运动胎教：产道肌肉收缩运动

孕妈妈从孕晚期开始，可以做一些有助于产道肌肉收缩的运动，改善盆腔充血，使分娩时的肌肉放松，减轻产道的阻力，为顺利分娩打下基础。

1 双腿分开呈下蹲状，双手放于膝盖上。

2 保持下蹲姿势，双手不动，然后抬起左脚向前迈一小步，右脚抬起脚后跟，注意身体重心的变化，以保持身体平衡。

3 保持上述姿势 2 ~ 3 秒后，收回左脚，恢复原状，然后换右脚做同样的动作。交替重复上述动作 5 ~ 10 次即可。

阅读胎教：《捞皮球》

准爸爸说

宝贝，今天又是爸爸讲故事。今天的故事是说一群小动物在玩皮球的时候，皮球不小心掉到洞里了。这可怎么办呢？

森林里住着好多小动物。有一天，它们来到绿油油的草地上玩皮球。

没想到，小熊力气大了一点儿，“嘭！”一脚把皮球踢到了一个树洞里。这个树洞很深，皮球拿不出来，小伙伴们都很着急。

小狗急得汪汪叫：“大家一起来想办法吧。”

小鸡说：“我来试一试！”它伸长脖子，想用尖嘴把皮球给啄上来。但是够了半天，连皮球的边都没碰着。

小象说：“我来，我来！我的长鼻子或许能帮上忙！”说着就想用自己的长鼻子把皮球吸起来，可是洞口太小了，小象伸长的鼻子被卡在洞口进不去。

“让一下，让一下！”小猴不知道从哪里找了根树枝，可是它够啊够啊，皮球圆鼓鼓的，碰着就跑，怎么也够不上来。

大家都累了，蹲在洞边发呆。

突然，小熊笑嘻嘻地对大家说：“我想出办法了。洞里现在是干的，要是我们把洞里灌满水，皮球自然就能浮到水面上来了，那么我们就能捞到它了！”

大家一听，对小熊竖起大拇指：“这个办法好！”

这下，小象的长鼻子真派上用场啦。它用鼻子到河里一下一下地吸满水，然后再把水喷到树洞里。树洞里的水越来越多，皮球也一点一点浮了起来。不一会儿，皮球就浮上来了。

哈哈，现在小伙伴们又到草地上高高兴兴地玩皮球了。

手工胎教：折七星瓢虫

孕妈妈说

宝贝，今天折一只可爱的小瓢虫。折完以后请爸爸在它身上画出圆点点。

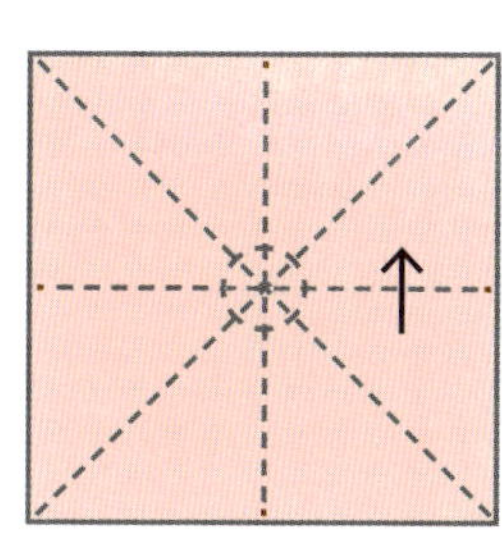

1. 将正方形彩纸分别折出两条对角线、两条中线，沿着横向中线向上对折成长方形。

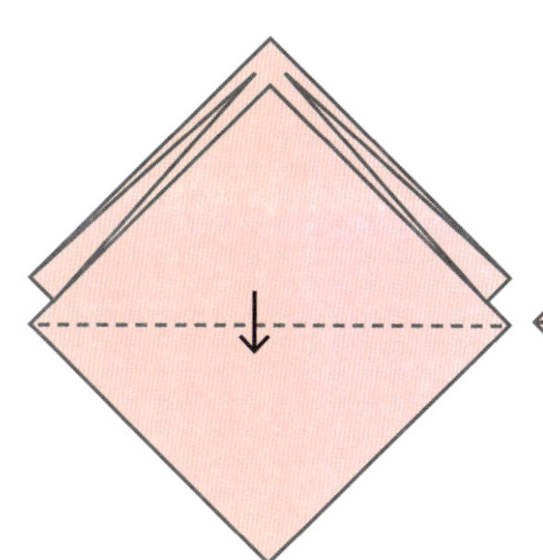

2. 双手捏住图 1 中虚线圈位置，随纸的折痕向中间聚拢，折叠成图 2 形状。

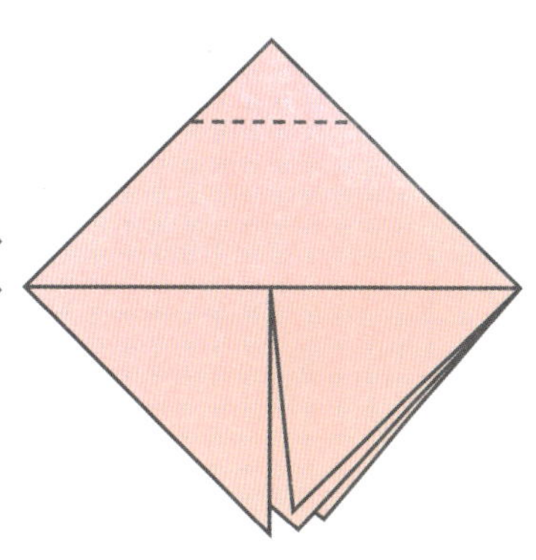

3. 按照图 2 提示线将上层彩纸向下对折后，把彩纸上下倒转即成图 3 形状。

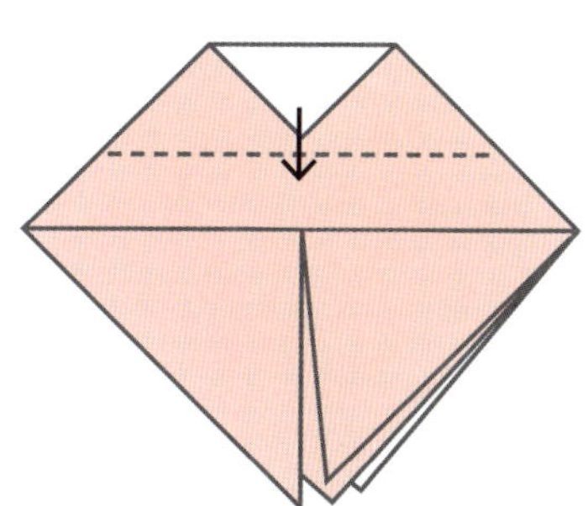

4. 将上面的角沿虚线向下折叠两次后成图 5 形状。

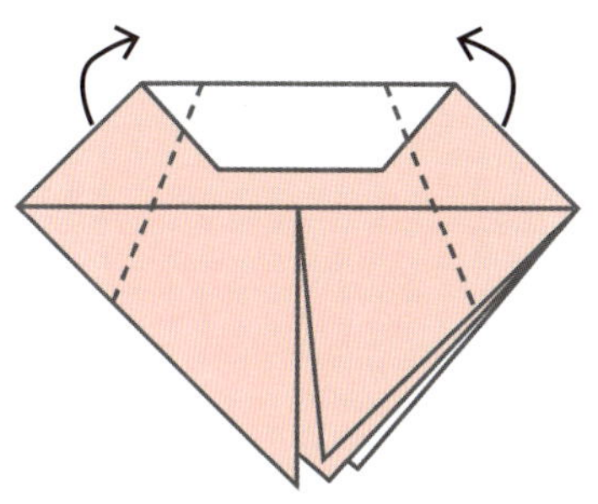

5. 沿虚线将两角向背面折叠。

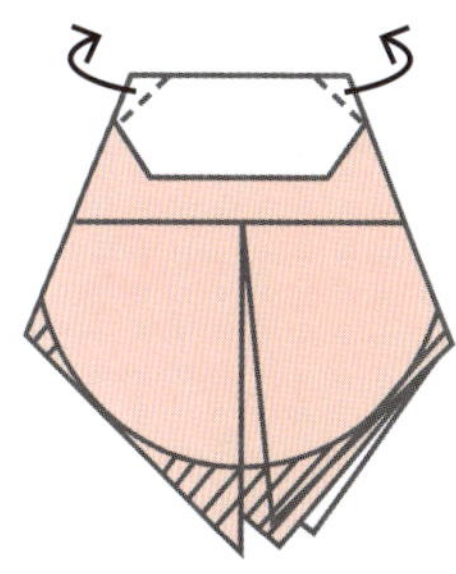

6. 再将两角向背面折叠，剪去阴影部分，七星瓢虫的形状就完成了。最后再画出眼睛和七颗星。

准爸爸胎教：陪妻子做个分娩预演

分娩对女性而言就像一次精彩的演出，为了能轻松进入角色，孕妈妈和准爸爸可以提前进行一下预演，这样当分娩来临时，就能轻松应对。现在很多医院都有分娩预演课，孕妈妈和准爸爸一定不要错过。

了解入院过程

挂号产检

如需住院，会开一张住院单；没有到待产阶段，就回家休息等待。

缴纳押金

持住院单到交费处缴纳押金（具体金额不同医院标准不同）。

到医保缴费窗口缴费

参加社保或新农合医保的孕妈妈在缴纳住院押金时，也要到医保缴费窗口缴费，并出示身份证、社保卡等相关证件。

等待安排床位

孕妈妈拿着缴费单和相关证件到住院部找值班医护人员，等待安排病房和床位。

提前熟悉整个生产过程

及时赶往医院

一般来说，孕妈妈正式分娩前会有一些征兆：阵痛、见红、破水。当这三个信号出现时，一定要做到心里有数，留心观察自己的身体变化，尽快通知家人，及时赶往医院。如果出现破水，在去医院期间，为了防止脐带脱垂、羊水流尽，造成胎儿宫内缺氧，孕妈妈应该躺下来，抬高臀部。

如果是医生早已建议采取剖宫产的孕妈妈，没有出现意外情况，可以按照医生规定的入院时间去医院。

2

检查住院所需物品

家人应该将住院物品提前准备好，以免孕妈妈出现紧急情况，来不及准备。而且分娩后最少需要住院 3 天，新妈妈的生活必需品和宝宝出生后的用品要准备齐全，否则容易造成住院期间手忙脚乱。

3

快速办理入院手续

如果孕妈妈正常去生产，可以按照入院、住院、熟悉环境等正常手续进行。如果孕妈妈出现紧急情况，听从医生安排，直接送入产房或手术室。

4

进入待产房

顺产的孕妈妈先进入待产房等宫口打开后去产房生产，在等待期间可以练习拉梅兹呼吸法（见 208 页），不仅能抵抗宫缩时的疼痛，还能减少准妈妈体力损耗。同时，要记得上厕所排尿。如果采取无痛分娩，要了解麻醉师何时介入、何时进食和上厕所、产程进展情况等。

如果是剖宫产的孕妈妈，手术前 12 小时禁食，前 6 小时禁饮。到医院后按照医生的说明签手术同意书、验血、配血、验尿、做心电图、备皮，剔除腹部周围体毛包括阴毛、打点滴、插上导尿管、术前麻，然后准备剖宫产。

5

宝宝出生后

医院会及时安排宝宝和妈妈进行亲密接触，尽早吸吮初乳。

如果是剖宫产的孕妈妈，伤口缝合好后新妈妈被推出手术室后需要输液，监测生命体征。

6

带宝宝回病房

医院会建议母婴同室，医生也会详细讲解母婴同室的好处、新生儿的护理，新爸妈要认真听，并用于实际育儿生活中。

孕9月

用行动让胎宝宝感受到被呵护

好遗憾呀

孕晚期体重长得快，产后不好恢复

宝妈：孕早期的时候吃不下，到了孕中期能吃下了还得担心体重超标，到了晚期，我的食欲特别好，以为马上要“卸货”了，胖不到哪去，就没有管好嘴，想吃就吃，生完孩子已经一年多了，还是比孕前胖十多斤。

不留遗憾

越到孕晚期越要管好饮食

马大夫：孕晚期是体重疯长的阶段，胎宝宝长得快，一不小心就体重超标了。不要以为到了孕晚期就无所谓，胎教的基础是营养，饮食管理应该持续整个孕期，这样孕妈妈才能合理增重，胎宝宝也才能达到出生时理想的3000~3500克。

好遗憾呀

临近生产的时候，我和老公都很紧张

宝妈：我记得我是预产期前两周休的产假。我挺紧张的，想顺产又很怕疼，尤其是我和老公看一些顺产和剖宫产的视频后，看完他好像比我还紧张。

不留遗憾

请导乐辅助分娩

马大夫：准爸妈不要把生孩子想得太可怕，要相信自己的医生，任何疑问及时和医生沟通咨询，对临产征兆等做到心中有数。如果产程中需要帮助，可以事先问问医院是否有导乐服务。导乐不是医生也不是护士，接受过专业培训，能陪同生产并在生理、心理及技术上给予指导和鼓励的人。

有表情了

五官 能够表现出喜欢或厌烦的表情。

生殖器 男宝宝的睾丸已经降至阴囊中，女宝宝的大阴唇已隆起，左右紧贴在一起，性器官已发育齐全。

四肢 身体呈圆形，四肢皮下脂肪较为丰富，皮肤的皱纹相对减少，呈淡红色，指甲长到指尖部位。

内脏 内脏发育齐全。

体重增长加快

- 由于胎头下降压迫膀胱，孕妈妈会感到尿意频繁。
- 体重的增长已达到高峰。如果产检发现胎宝宝较小，医生会建议增加营养；如果宝宝已经很大，医生可能会建议适当控制饮食，避免给分娩造成困难。

本月所需关键营养

增加铁的摄入

- 孕晚期要重视铁的补充，建议每日达到 29 毫克。
- 猪肉、牛肉、羊肉、动物肝、动物血等。

增加维生素 B_1

- 维持孕妈妈神经系统正常功能，减少分娩痛。
- 发酵食物、全麦、花生、猪肉等。

补充膳食纤维

- 孕晚期胎宝宝增大，肠胃受到的挤压更严重，增加膳食纤维的摄入能增加肠动力，避免便秘。
- 大多数蔬菜和水果，全谷杂粮、薯类、杂豆类等。

第 33 周

情绪胎教：应对急切而矛盾的心情

到了孕 9 月，很多孕妈妈对即将到来的分娩又期待，又紧张，这种矛盾心理可能让孕妈妈吃不下、睡不好。别忘了，妈妈的心情宝宝都懂，要保持淡定，克服这种矛盾心理。

直面恐惧

对于分娩，你最害怕什么？是怕疼呢，还是因为以前有过不好的体验？是担心剖宫产，还是会阴侧切术？是担心生到一半受不了，还是怕宝宝会有什么问题？最好把所有担心的事情都写在一张纸上，并在旁边标注避免这种恐惧的方法。如果有些事你无力改变，那就想办法让自己不要担心，因为再多的担心也于事无补。

多了解分娩信息

知道的相关知识越多，就越不会感到害怕。尽管每一位妈妈分娩的具体情况都不相同，分娩的经验也因人而异，但是大致上还是有共同的过程。倘若提前了解分娩的过程，了解有什么感觉以及为什么会有这些感觉，到时候就比较有自信，自然就不会被吓着了。

选择导乐

分娩时如果能有一位专业的导乐陪护在身边，相信你的担心会减少很多。导乐可以在分娩过程中为你解释各种感觉，提供一些处理阵痛的建议。同时在需要做决定时，导乐还可以分析情况以及参与决策过程，帮你进行心理上的一系列调适。

不要回想上一次的可怕经历

不要把过去可怕的经验带进产房。分娩会引起先前难产经验等不愉快回忆，这可能会让产妇不由自主地全身紧张起来。因此，在分娩之前，一定要妥善处理好过去重大创伤所引起的附加后果，必要时可以求助于医生或导乐。

营养胎教：外出就餐怎么吃

胎宝宝心声

妈妈，新鲜的食材总能给我满当当的养分，让我吸收得更好，长得更快。

与家庭自制食物相比，餐馆中的食物往往含有更多油、盐。通常人们点餐的时候会瞄准肉类，往往导致蔬菜水果的摄入量严重不足。很多人在外就餐还会选择少吃主食，使得粗粮、薯类、豆类摄入量也不足，容易出现脂肪过量、蛋白质过多等问题。因此，孕妈妈们最好减少外出就餐，多在家吃饭。

在家吃饭能吃到更多健康食物

在家做饭可以自己挑选新鲜应季的食材，合理使用油、盐、醋、酱油等调味料，实现“低油少盐”的健康需求，烹调方式上少煎炸，多蒸、炖、煮等。全家一起吃饭，还能在兼顾家人口味的同时更好地实现食物多样化。

外出吃饭掌握一些点餐技巧

如果孕妈妈经常外出就餐的状况很难改变，掌握一些技巧，也可以做到尽量吃得健康。

1. 多点蔬菜、菌藻类、大豆制品，减少肉类、海鲜类菜品的比例。

2. 优先选择凉拌、蒸煮、白灼、清炒、清炖、烤箱烤等烹调方式，不点或少点熏、煎、炸的食品。

3. 主食多选含粗粮、杂豆类的，比如杂粮包、二米饭、玉米饼等，尽量不要点加油、盐、糖的主食，比如葱花酥饼、麻团之类。

运动胎教：瑜伽磨豆功

瑜伽磨豆功能活动髋部和腿部肌肉，锻炼腹肌，促进分娩。

1 坐姿，双臂前平举，双手交叉紧握，两腿尽量分开。

2 保持背部挺直，双臂与地面平行，以髋关节为轴，顺时针方向推动身体到达极致，想象自己正在磨豆子，磨 3~5 圈后，身体回到正中，松开两手，放松调息，向反方向重复练习。

阅读胎教：《南辕北辙》

孕妈妈说

宝贝，今天我们来学习《南辕北辙》这个成语故事吧。这个故事是说，明明想要去南边，却驾着马车往北边走，就跟做的事情背道而驰了。

从前有一个人坐着马车在大路上飞跑。他的朋友看见了，叫住他问："你上哪儿去呀？"他回答说："到楚国去。"

朋友感到很奇怪，提醒他说："楚国在南边，你怎么往北走呀？"他说："那又怎么样，来看看我这匹马！"朋友仔细围着他的马转了几圈，惊讶地说："难道这就是传说中的千里马？"他说："算你识货，这正是千里马，跑得快着呢，不愁到不了楚国！"

朋友回过神来，着急地说："马跑得越快，离楚国越远啊，老兄！"那人坚持说："没关系，我的车夫驾车技术非常高。"

朋友摇摇头说："那你哪一天才能到楚国呀？"他说："没事儿，不怕时间久，我带的钱多着呢。"

朋友对他说："楚国在南边，你硬要往北边走。方向错了，你的马越好，车夫的本领越大，你离楚国越远啊！这跟你带的钱多少没有关系。"那人固执地说："哈哈，我才不信呢！再见，朋友！"说完，继续赶路去了。

他的朋友只好摇摇头，叹气道："车要往南边，车轱辘留下的车辙却往北边，这不是南辕北辙吗？"

音乐胎教：《致爱丽丝》

什么时间听

《致爱丽丝》是贝多芬献给温柔、美丽的特蕾泽的一首曲子，乐曲欢快亲切，特别在后半部分左右手交替演奏分解和弦，犹如二人亲切地交谈。孕妈妈可以在闲暇时间播放这首曲子，享受轻松愉快的悠闲时光。

怎么听

乐曲以回旋曲式写成，环绕基本主题，有两个对比性的插段：一是带有莫扎特风格的明朗欢乐情绪的音调，在 F 大调上呈现；二是建立在低声部的 6 音持续音上，色彩暗淡，节奏强烈，表现了孩子气的烦恼情绪。但这两个插段都比较短小，通过一连串的快速音型，很快又引回到开始时那个朴素的旋律，从而构成表现美丽单纯而活泼的少女性格的音乐形象。

关于这首曲子

1808–1810 年，近四十岁的贝多芬教了一个名叫特蕾泽·玛尔法蒂的女学生，并对她产生了好感。在心情非常甜美、舒畅的情况下，他写了一首《致特蕾泽》的小曲赠给她。1867 年，在斯图加特出版这首曲子的乐谱时，整理者把曲名错写成《致爱丽丝》。后来，人们反而忘记了《致特蕾泽》这个原名，而称之为《致爱丽丝》了。

美育胎教：看漂亮宝宝的图片，放松心情

把漂亮宝宝的图片收集起来，全部贴在墙上，一边欣赏一边期待自己的宝宝也非常漂亮。孕妈妈的心情也明朗起来了，这是一种不错的胎教方法呢。

第 34 周

营养胎教：避免血脂升高

胎宝宝心声

妈妈，谢谢您一直都注意饮食均衡，现在做到了“血脂无忧”，让我的成长多一重健康的保护。

孕前不爱运动和怀孕后缺少运动，总是喜欢吃肥腻食物、甜食和有血脂异常家族史的孕妈妈，在饮食上要加以节制，以免发生血脂异常。

控制总热量

孕妈妈要将血脂控制在正常范围内，首先要控制总热量。在控制总热量的前提下，增加粗粮、蔬菜等低热量、高膳食纤维食物的摄入。用低热量食物代替高热量食物可避免发胖、血脂升高。

减少饱和脂肪酸摄入，调整脂肪酸的比例

摄入过多饱和脂肪酸可增加甘油三酯和坏胆固醇（低密度胆固醇）的含量，应减少摄入。提高单不饱和脂肪酸、n-3 和 n-6 多不饱和脂肪酸的比例有助于降低总胆固醇。尽量选脂肪少的瘦肉，少选择五花肉之类夹有脂肪的肉。对于油脂多的肉类，可以用热水焯烫一下，然后放凉，水面会出现一层白色的固体油，去掉后再烹饪。

控制碳水化合物摄入量以免引起甘油三酯偏高

甘油三酯是导致孕妈妈血脂偏高的一大主因，而碳水化合物摄入过多会增高甘油三酯，因此每天碳水化合物的摄入量不要过多，占到总热量的 50% ~65% 即可。以谷类、薯类和全谷物为主，减少甜食以及高糖分水果的摄入，水果中的葡萄糖、果糖也会增加血中甘油三酯。

增加膳食纤维

膳食纤维可以增加粪便中胆汁酸的排泄，抑制胆汁酸的吸收，从而降低总胆固醇和坏胆固醇。水果、蔬菜，如柠檬、柑橘、菠萝、香蕉、圆白菜、豌豆、海带、裙带菜等都是很明智的选择。

低胆固醇饮食

血脂异常的另一大因素就是血浆中胆固醇水平过高。孕妈妈想要将血脂控制在正常范围，一定要限制胆固醇的摄入。应避免摄入胆固醇含量高的食物，如动物内脏、肥肉、动物皮等。吃肉时，血脂异常的孕妈妈可以在烹饪技巧上加以注意，以便有效减少脂肪摄入。

运动胎教：平躺促膝运动

这套平躺促膝运动能适当锻炼腹肌，让顺产更顺利，还可以预防因腹肌松弛而造成的胎位不正。

1 平躺在地面上，膝盖保持弯曲状态。

2 抬起双脚，双手伸直抓住膝盖，膝盖张开。

3 逐渐用力按压。

4 保持 3 的动作，抬头，坚持 3~5 秒。

阅读胎教：《春》

孕妈妈说

宝贝，今天我给你朗诵一首黎巴嫩诗人纪伯伦的散文诗——《春》，非常优美，用心听哦！

来啊，亲爱的！我们上荒野去！冰雪开始消融，生命自酣梦中苏醒，春在河谷、山坡上蹒跚，摇曳。走啊！我们一同去追寻春天在广袤的田野间留下的足迹。上啊！让我们登上高山，极目远眺周围那像浪涛般苍茫的翠色。

啊！冬之夜晚精心叠好、收起来的衣裳，现在又被春之清晨铺展开来。桃树、苹果树打扮宛如“盖得尔夜”的新娘；葡萄树也苏醒了，树藤扭结盘旋，如同情人热烈相拥；溪流在岩石上跳着轻快的舞蹈，哼着欢乐的歌谣，往深处流去；百花从大自然的心中绽放，如同从大海中涌现的朵朵浪花。

来啊！让我们将水仙花酒杯中残留的雨的泪滴，一饮而尽；让我们细心聆听小鸟的欢唱，心旷神怡；让我们呼吸着春天的芬芳，痴迷沉醉；让我们在那隐藏着紫罗兰的岩石上坐下来，相互在爱恋中亲吻。

手工胎教：折菠萝

孕妈妈说

宝贝，今天的手工活动是折一颗大菠萝，需要先准备好三张正方形的纸。

1. 取一张正方形纸，沿虚线向箭头方向折叠。

2. 再对折另一侧。

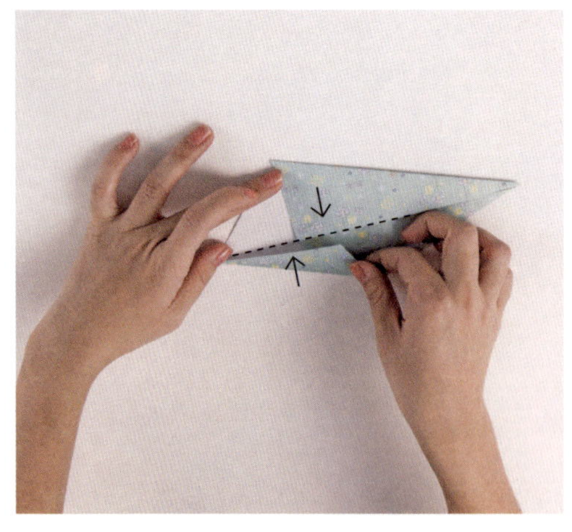

3. 另一端也沿虚线向箭头方向折叠。

4. 折好的样子。

5. 上下对折。

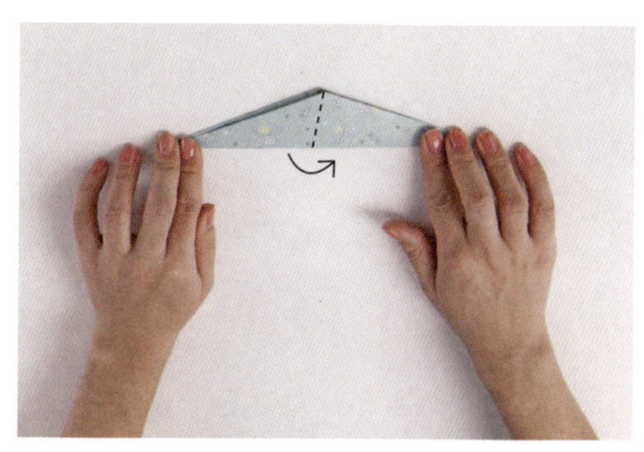

6. 沿虚线对折。

7. 折好的样子。

8. 另取一张纸重复上述操作，将两张纸叠在一起做叶子。

9. 取出第三张纸，折起四角。

10. 折好的样子。

11. 将叶子和身体对接粘在一起，菠萝折好了。

第35周

营养胎教：改善孕期睡眠

胎宝宝心声

妈妈，您睡得好，我才睡得很安稳，我可是大多数时间都在睡眠中度过的啊。

孕妈妈这时候常常出现失眠的现象。对孕妈妈来说，失眠不仅影响心情，而且对整个身体都可能造成伤害。那么面对孕期失眠，如何进行饮食调理呢？

补钙补镁

如果孕妈妈频繁失眠多梦，这可能是在提示需要补钙了。钙不仅是骨骼生长必不可少的元素，也能调节神经递质的释放。缺钙会影响大脑神经元的正常代谢，引起神经兴奋性增加，致使无法入睡。选择含有适量维生素D的钙剂，钙吸收的效果比较好。另外，钙和镁并用，是天然的放松剂和镇静剂，轻微缺镁，也会导致失眠。因此，补钙的同时也要适量补充含镁丰富的食物，如燕麦、糙米、花生、香蕉等。

每天睡前喝杯温牛奶

睡前喝杯温热的牛奶可改善睡眠，这是医生经常建议的做法，因为奶制品中含有色氨酸——一种有助于睡眠的物质。另外，牛奶宜搭配富含碳水化合物的食物（如燕麦、荞麦、大米、小麦、玉米和高粱等）一起吃，这样可以增加血液中有助于睡眠的色氨酸的浓度，让牛奶助眠的功效加倍。

补充维生素B_1和维生素B_6

维生素B_1是维持神经系统，特别是中枢神经系统正常功能不可缺少的营养成分，可消除脑神经疲劳和全身疲乏。富含维生素B_1的食物有燕麦、花生、猪肉、深绿色的蔬菜、牛奶等。维生素B_6具有稳定情绪的功能，对于失眠能发挥镇静与舒缓的作用。富含维生素B_6的食物有动物肝脏、大豆、紫甘蓝、糙米、蛋类、燕麦、花生、核桃等。

运动胎教：跪姿平衡

孕晚期，子宫增大，孕妈妈的负担更重，经常做跪姿平衡运动，可以提升平衡感，还能增强腿部和背部的力量，舒缓腰背部的不适感。

1 趴卧姿势，脚背、小腿、膝盖和双手着地，双手俯撑。

2 吸气，左腿向上抬起，与躯干同高，脚后跟向后蹬出，右手臂向前伸展，抬头望向前方。保持3~5个回合的呼吸后，腿部和手臂还原。

3 反方向同样练习。

阅读胎教：《长颈鹿和小乌龟》

孕妈妈说

宝贝，今天我们来讲一个关于交朋友的故事。朋友之间就是要取长补短，故事中的长颈鹿和小乌龟是这样吗？

长颈鹿一直想要交个好朋友，可是它长得实在太高了，大家都不乐意和他做朋友。

长颈鹿想同小野猪一起玩。可是小野猪跟长颈鹿说话的时候，要高高仰着头，大声喊叫，否则长颈鹿就听不见。这个样子，小野猪实在是太费力了，脖子抬得又酸又疼，嗓子喊得又沙又哑，时间长了，小野猪就不愿意和长颈鹿一起玩了。

小乌龟也一直想要交个好朋友，可是它实在太矮了，大家也不乐意和他做朋友。

小乌龟找到黄牛大哥跟他聊天。黄牛大哥同小乌龟说话时，总要深深地低下头。大家远远望去，都以为黄牛大哥自己在嘀嘀咕咕呢。黄牛大哥怕被别人说他老糊涂了，就不愿意和小乌龟一起聊天了。

有一天，长颈鹿在路上走，一朵云飘了过来，缠住了它的脖子，怎么都甩不开。长颈鹿于是快速奔跑起来，一边跑一边甩脖子，想把这朵云甩掉。

长颈鹿光顾着白云，没看脚下，一不小心踢到正在路上爬的小乌龟，一脚把小乌龟踢飞了。长颈鹿和小乌龟就这样认识了，他们很想成为彼此的好朋友。

可是，长颈鹿这么高，小乌龟这么矮，怎么交流呢?

小乌龟想出了个办法——他在身上绑了一个气球，在气球上画上自己的笑脸，长颈鹿不用低头就能看到笑脸，就好像看到了小乌龟。

长颈鹿也想出一个办法——他在脚上挂了一个铃铛，只要走动，铃铛就会叮叮当当响个不停。小乌龟不用抬头，就能知道长颈鹿在自己身边。

长颈鹿和小乌龟，就这样成了好朋友。

美育胎教：画一幅宝宝的画像吧

孕妈妈对即将到来的宝宝一定充满期待。在孕妈妈和准爸爸的心里，一定有对宝宝长相的想象。在你心中，他的眼睛像妈妈还是像爸爸？是不是有妈妈一样的下巴？笑起来是不是像爸爸那样，眯着眼睛，憨憨的？现在，就任凭自己的想象给宝宝画一幅画像吧。等宝宝出生后，对比一下，看是不是跟想象的一模一样。

准爸爸胎教：给胎宝宝讲点小百科

准爸爸可以给孕妈妈肚子里的宝宝讲几个科普小段子，只要讲得妙趣横生，胎宝宝也是会很喜欢的，还能长学问呢。

天空为什么是蓝色的

我们抬起头看到的天空，经常是蔚蓝色的，特别是一场大雨过后，更是蓝得像一泓秋水，令人心旷神怡。天空为什么是蔚蓝色的呢？

大气本身是无色的。天空的蓝色是大气分子、冰晶、水滴等和阳光共同创作的图景。阳光进入大气时，波长较长的色光，如红光透射力大，能透过大气射向地面；而波长短的紫、蓝、青色光，碰到大气分子、冰晶、水滴等时，就很容易发生散射现象。被散射了的紫、蓝、青色光布满天空，就使得天空呈现出一片蔚蓝了。

与猫有关的趣事

猫一天中有14~15小时是在睡眠中度过的，有时能睡上20小时，所以被称为“懒猫”。其实呢，猫有3/4的时间是假睡，只要有一点声响，猫的耳朵就会动，有人走近的话，就会“噌”一声站起来。

猫是很任性的，经常我行我素。有时候，怎么叫它它都当没听见。通常主人和猫不是主从关系，而是平等的朋友关系。但有的时候，猫会把主人当作父母，像小孩一样爱撒娇，爬上主人的膝盖，或跳到摊开的报纸上坐着，尽显娇态。

猫很爱干净，经常舔自己的毛，饭后会用前爪擦擦胡子，被抱后用舌头舔毛。

第 36 周

营养胎教：改变进餐顺序避免体重疯长

胎宝宝心声

妈妈，给每顿饭的食物排排序，可能对咱俩的健康更有好处。

吃饭时给食物排上序，能保证既能吃饱又不会进食过量；既保证了摄入足够多的膳食纤维、维生素等，又避免油脂和蛋白质过量，还延缓了主食的消化速度，有效减少肥胖、血脂异常、糖尿病等危险。

水果

将水果作为正餐的一部分，在正餐之前先进食水果可以减少总热量，还能促进水果中一些脂溶性维生素的吸收。

喝汤

孕妈妈在孕晚期消化功能减弱，正式进餐前先喝点汤，可以起到润滑肠道的作用。

蔬菜类菜肴和主食

先吃一部分蔬菜，蔬菜能提供丰富的膳食纤维和维生素，还能把胃填个半饱，有助于减少肉类等的摄入；然后主食搭配蔬菜类一起吃，可以减缓餐后血糖升高的速度，主食推荐全谷类、杂豆类。

鱼、肉类菜肴

肉类搭配主食一起吃，可以补充蛋白质，还能避免吃肉过量、摄入脂肪过多。

运动胎教：练习拉梅兹呼吸法

拉梅兹呼吸法，通过对神经肌肉控制、产前体操锻炼及呼吸技巧的训练，有效地让孕妈妈在分娩时将注意力集中在对自己的呼吸控制上，从而转移疼痛，放松身心，充满信心地在阵痛发生时冷静应对，以达到加速产程并让胎儿顺利娩出的目的。

第一阶段：胸式呼吸法

应用时机 孕妈妈可以感觉到子宫每 5 ~ 10 分钟收缩一次，每次收缩约长 30 秒。

练习方法 深深吸一口气，随着子宫收缩就开始吸气、吐气，反复进行，直到阵痛停止后恢复正常呼吸。

第二阶段："嘶嘶"轻浅呼吸法

应用时机 此时宫颈开至 3 ~ 7 厘米，子宫的收缩变得更加频繁，每 3 ~ 5 分钟就会宫缩一次，每次持续 30 ~ 60 秒。

练习方法 孕妈妈要让自己的身体完全放松，眼睛注视着同一点。保持轻浅呼吸，用"鼻吸嘴呼"的方式让吸入及吐出的气量相等，保持呼吸高位在喉咙，就像发出"嘶嘶"的声音。

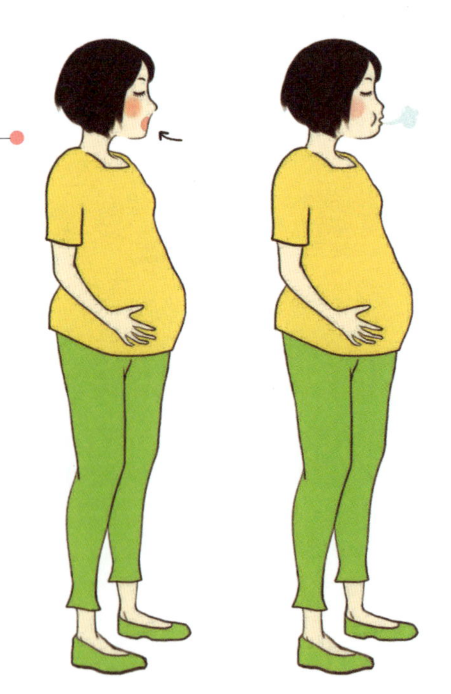

第三阶段：喘息呼吸法

应用时机 当子宫开至7～10厘米时，孕妈妈感觉到子宫每45～60秒就会收缩一次，这已经到了最激烈、最难控制的阶段了。

练习方法 孕妈妈先将空气排出后，深吸一口气，接着快速做4～6次短呼气，感觉就像在吹气球，比“嘶嘶”轻浅式呼吸还要浅，可以根据子宫收缩的程度调节速度。

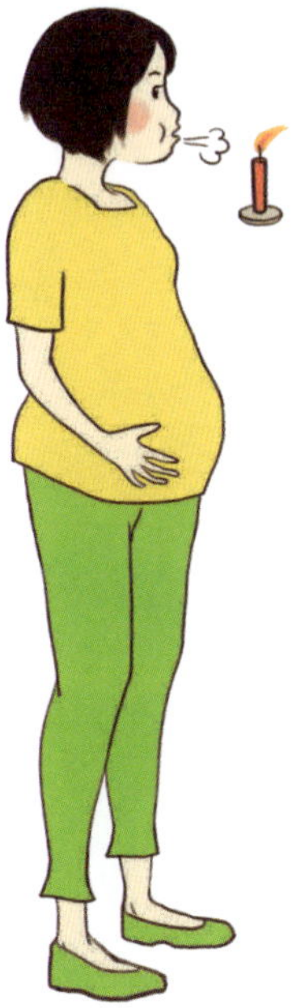

第四阶段：哈气吹蜡烛

应用时机 进入第二产程的最后阶段，孕妈妈想用力将胎儿从产道送出，但是此时医护人员要求不要用力，以免发生阴道撕裂，要等待宝宝自己挤出来。

练习方法 阵痛开始，孕妈妈先深吸一口气，接着短而有力地哈气，如浅吐1、2、3、4，接着大大地吐出所有的“气”，就像在吹蜡烛。

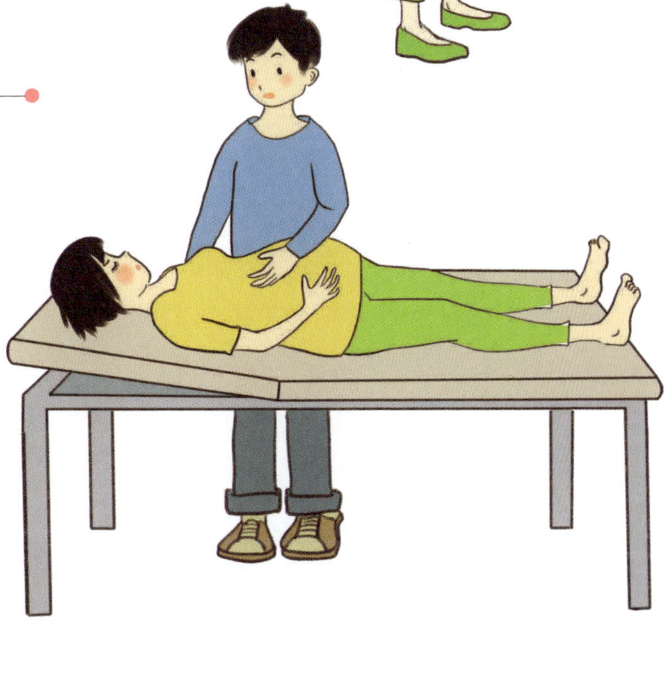

第五阶段：用力推

应用时机 此时宫颈口全开了，助产士会要求孕妈妈在即将看到宝宝头部时，用力将其娩出。

练习方法 孕妈妈下巴前缩，略抬头，用力使肺部的空气压向下腹部，完全放松骨盆肌肉。需要换气时，保持原有姿势，马上把气呼出，同时马上吸满一口气，继续憋气和用力，直到宝宝娩出。当胎头已娩出产道时，孕妈妈可使用短促的呼吸来减缓疼痛。

阅读胎教：《快活的大汽车》

孕妈妈说

宝贝，今天讲一个大汽车的故事，大汽车能带它的乘客去想去的地方，现在我们来看看它们之间发生了什么事儿。

天还没大亮，大汽车就开始工作了。路上车辆很少，一辆小汽车迎面开过来，“嘀嘀”地按喇叭，大汽车赶紧让到一边去。

“嘟……嘟……”小汽车冒着烟，飞快地跑了。

看到这儿，大汽车心里有点委屈：小汽车多神气，车厢里有空调，冬暖夏凉，也只有珍稀动物才能坐进去，一般动物想都别想。而自己只是普通的公共汽车。大汽车正想着，突然听见“早上好”的声音，停下来一看，是兜着宝宝的袋鼠妈妈。上车后，袋鼠妈妈感激地说：“谢谢，要不是您，我还得带着孩子走很远的路呢。”听见袋鼠妈妈的感谢，大汽车心里非常高兴。往前走了一段，一只断了腿的小白兔也上了车。小白兔很激动地说：“谢谢您，大汽车。如果没有您，我就没法去看望我外婆了。”

小白兔刚坐稳，大汽车又听见了喊叫：“等一下，我也想上车！”大汽车找了好久，终于发现地上有一只小蚂蚁。小蚂蚁说：“谢谢您，大汽车。我想到小河边参加聚会，可我自己估计几年工夫都走不到那里呢。”

之后，好多小动物都坐上了车。大汽车挨个儿把他们送到了想去的地方。当最后一名乘客到站时，大汽车一点都不觉得累，之前的那点委屈也早就不见了。

这一天，大汽车收获了很多感谢，心里可充实了。

手工胎教：手编降落伞

孕妈妈说

宝贝，今天我们来编一个降落伞吧，活动活动手，等你出生了我们要一起做更多的手工活动。

手编降落伞的步骤

1. 把绳子套在右手的拇指和小指上。

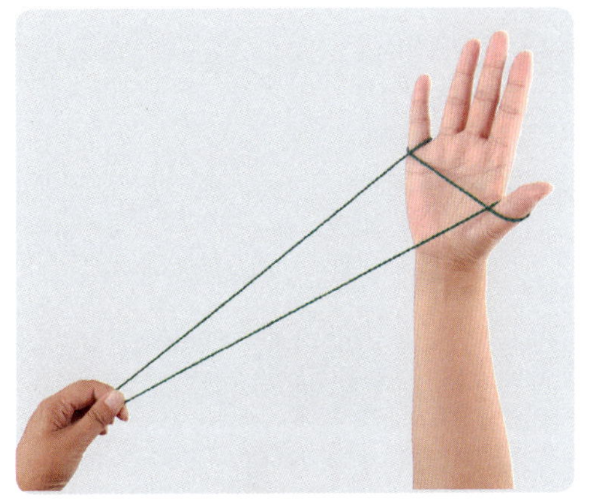

2. 左手从右手手掌中拉下绳子。

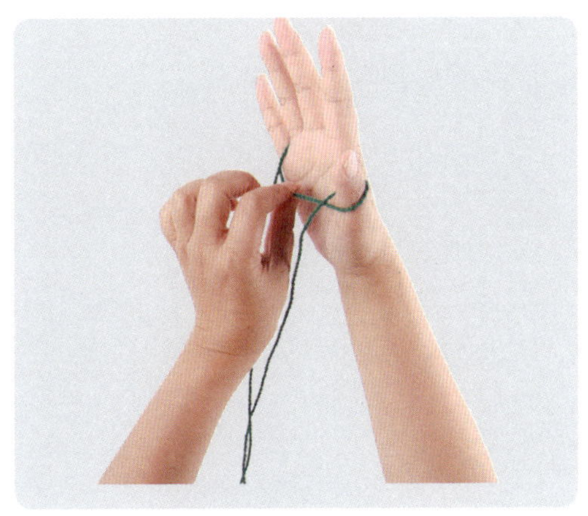

3. 再拉下手掌中的绳子。

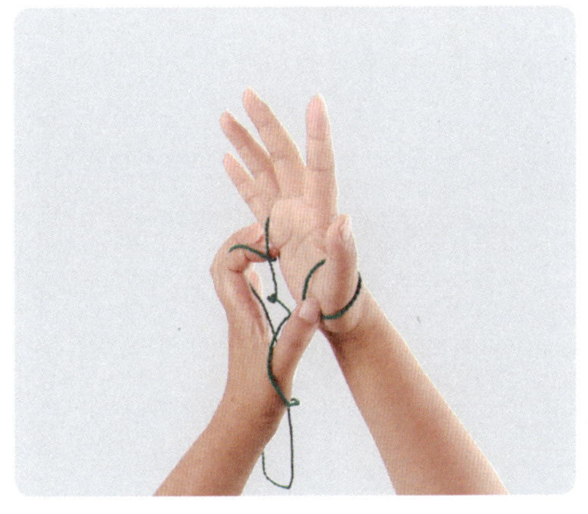

4. 左手的食指和拇指，伸入右手小指和拇指的绳圈中。

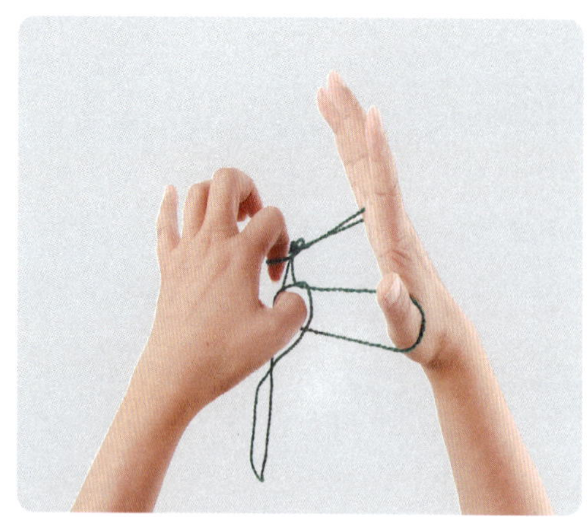

5. 左手向下拉。

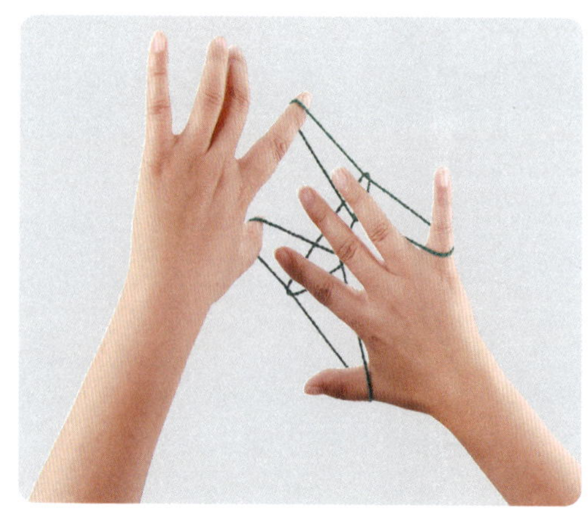

6. 左手将绳分别从右手的食指、中指和无名指中穿过。

7. 反转，至右手手背。

8. 左手拉右手手掌处的直绳。

9. 降落伞编好了。

孕 10 月

告诉胎宝宝，你期待 TA 的到来

宫缩痛得死去活来

好遗憾呀

宝妈：对于痛感，可能每个人的体验不一样。我临产的时候，开宫口的时候疼得死去活来，只能硬生生扛着，好几次都想放弃了，央求医生给我剖宫产算了，多亏医生一再鼓励，最终才顺产了我的女儿。

减轻分娩痛有办法

不留遗憾

马大夫：拉梅兹呼吸法（见 208 页）能特别有效地缓解疼痛，孕妈妈最好事先练习。同时还要注意，痛感不强时，孕妈妈最好下床四处走走，调节一下情绪，比干巴巴躺在床上更好。痛感来的时候可以“自我催眠”，多想想宝宝出生的样子，给自己打气。

比预产期晚了 5 天才生，很煎熬

好遗憾呀

宝妈：当时和我预产期相近的孕妈妈们都生了，我就有点慌，感觉马上就到预产期了为什么自己没动静呢，妈妈安慰我说不要担心，不一定都是正好预产期当天生的，再安心等等。虽然我知道妈妈作为过来人有经验，但当时我非常焦虑，催着家人带我去咨询医生，检查完一切正常，最后宝宝比预产期晚了 5 天才降生。

静待花开

不留遗憾

马大夫：孕妈妈要知道，预产期并不是那么精准。事实证明，真正在预产期那一天分娩的比例并不是很高。这跟孕前的月经周期是否准有直接的关系。孕期按照要求按时产检，了解临产的征兆，同时放松心情，瓜熟蒂落，静待花开是最好的态度。

长成了漂亮的小人儿

感觉器官 可对母体内外的各种刺激做出反应，能敏锐地感知母亲的思考，并感知母亲的心情、情绪以及对自己的态度。

呼吸系统 身体各部分器官已发育完成，其中肺部是最后一个成熟的器官，在宝宝出生后几小时内它才能建立起正常的呼吸模式。

四肢 手脚的肌肉已很发达，骨骼已变硬。

分娩在即

- 感到下腹坠胀，不过呼吸困难和胃部不适的症状开始缓解了，只是随着体重的增加，行动越来越不方便。
- 要尽量放松，注意休息，密切注意自己身体的变化，随时做好临产准备。

本月所需关键营养

补充必需脂肪酸

- 充足的必需脂肪酸能促进胎宝宝大脑发展，有利于胎宝宝储存皮下脂肪。
- 鸡肉、鸭肉、花生油、菜籽油、橄榄油等。

补充充足的铜

- 铜能促进结缔组织的形成，在神经系统中有重要作用。
- 口蘑、海米、芝麻酱、葵花子等。

补充多种维生素

- 孕晚期要供给充足的维生素，可辅助预防孕妈妈出现贫血，又能预防胎宝宝出生后出现贫血。
- 各种蔬菜和水果。

第 37 周

情绪胎教：缓解产前焦虑

临近分娩，孕妈妈很容易紧张焦虑。让自己了解分娩的全过程及可能出现的情况，了解分娩时该怎样配合医生，提前进行分娩前的训练，对减轻孕妈妈的心理压力会有很大的好处。

不要担心生在路上

大概是受电影、电视剧的影响，很多孕妈妈都担心自己因为来不及赶去医院，而把宝宝生在路上。其实这是完全没必要的。

首先要了解临产的三大征兆，学会判断和应对这些征兆。

临产三大征兆

见红	一般见红后很快会出现规律性宫缩，然后进入产程，见红后要做好随时住院的准备	如果只是淡淡的血丝，可不必着急去医院，留在家里继续观察，别做剧烈运动；如果出血量达到甚至超过平常月经量，颜色较深，并伴有腹痛，就要立即去医院
宫缩	有宫缩规律的时候才是进入产程的开始，如果肚子一阵阵发硬、发紧，疼痛无规律，这是胎儿向骨盆方向下降所致，属于前期宫缩，可能 1 小时疼一次，疼痛持续几秒转瞬即逝	当宫缩开始有规律，一般初产妇每 10～15 分钟宫缩一次，经产妇每 15～20 分钟宫缩一次，并且宫缩程度一阵比一阵强，每次持续时间延长，这就表示很快进入产程了，要及时去医院
破水	破水一般在子宫口打开到胎头能出来的程度时出现。有的人在分娩的时候才破水，有的人破水成为临产的第一个先兆	一旦破水，应立即平躺，并垫高臀部，不能再做任何活动，防止脐带脱垂，羊水流出过多，并立即去医院准备待产，在去医院的路上也要尽量保持平躺

要知道，一般初产妇从宫颈开始扩张到完全张开，大概需要 8 ～ 12 小时，足够赶到医院。一般进入 38 周，基本上医生会安排每一周就进行一次产检，也能及时发现情况。

不要担心“顺转剖”

一般孕期只要控制好自己的体重和胎宝宝的大小，经过孕36~37周的检查没异常后，基本可以顺产。很多孕妈妈担心自己顺不下来后又遭遇“顺转剖”，还不如直接剖了呢。

其实“顺转剖”一般是因为在宫口开了以后没有持续开大，或者是出现胎儿宫内缺氧的危急情况时采取的措施。“顺转剖”是小概率事件，比例不超过5%，并不像想象的那么高。就算最后“顺转剖”，因为经历了一段时间宫缩的“折磨”，孩子将来出现运动不协调（感觉统合失调综合征）的概率也比较低。

不要担心没奶水

很多孕妈妈会担心自己没有母乳或母乳不够。其实孕期做好营养储备，均衡饮食，生下宝宝之后，正确开奶，让宝宝多吸，保持愉快的心情、较多的休息，同时多吃一些能够促进产奶的食物，多数妈妈都可以实现纯母乳喂养。

新妈妈没下奶之前别喝催奶汤

新妈妈产后没有下奶之前，乳腺管还没有彻底通畅就喝催奶汤，否则会导致乳汁一下子出来，造成乳腺管堵塞，出现乳房胀痛。所以，没下奶之前，不宜喝催奶汤。

营养胎教：吃一些缓解产前焦虑的食物

胎宝宝心声

妈妈，我们每时每刻都在亲密接触，您焦虑，我也会情绪低落。

到了这个月，很多孕妈妈都会产生产前焦虑，这不仅影响母婴的健康，而且不利于分娩。孕妈妈可以在吃的方面入手来缓解产前焦虑。建议孕妈妈多吃下面的食物来缓解产前焦虑。

富含维生素 C 的食物

维生素 C 有消除紧张、安神、静心等作用，所以孕妈妈可以多吃富含维生素 C 的食物，如新鲜的蔬菜和水果。

富含 B 族维生素的食物

B 族维生素是构成脑神经的重要物质，能减少情绪的波动，缓解产前焦虑的情绪。所以孕妈妈可以多吃一些富含 B 族维生素的食物，如鸡蛋、深绿色蔬菜、谷类、南瓜子、芝麻等。

富含钾的食物

钾离子具有舒缓情绪、稳定血压的作用，所以建议孕妈妈产前吃些富含钾离子的食物，如香蕉、瘦肉、坚果等。

深海鱼

深海鱼含有大量 ω-3 脂肪酸，能促进血清素的分泌，从而缓解产前焦虑情绪，所以建议孕妈妈多吃些深海鱼，如鲑鱼等。

运动胎教：抱头扭动

改善孕妈妈的肩颈不适有很多方法，这个抱头扭动的小动作就是其中较为有效的一种，可以放松肩部肌肉，改善肩部僵硬酸痛等不适，改善颈部不适。

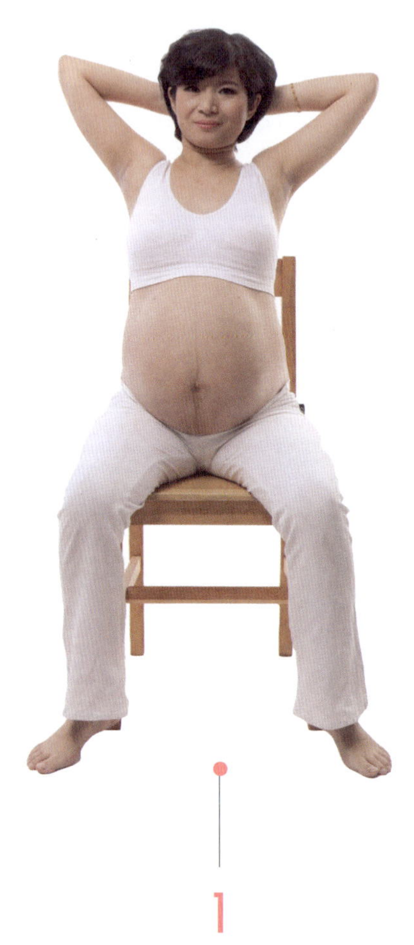

1

孕妈妈坐在椅子上，双手手指交叉放于脑后，双臂尽量张开，背靠在椅背上，双脚分开。

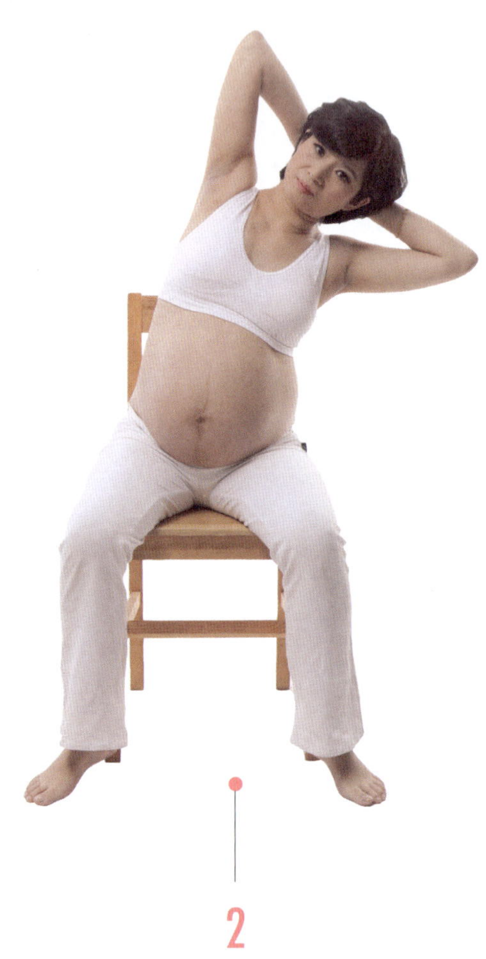

2

双手抱头向左侧弯曲，向下压左肘部3次，然后回复原状，休息2～3秒。接着反向重复上述动作。

阅读胎教：《拔萝卜》

孕妈妈说

宝贝，今天给你讲一个拔萝卜的故事。故事讲的是小白兔要拔萝卜，可是萝卜太大了，它自己拔不动，后来发生了什么呢？

一天早上，小白兔在菜地里发现了一根大萝卜。它可高兴啦，这个萝卜够它吃上一个星期呢。小白兔拔啊拔，可是萝卜太大了，用尽全身力气还是拔不出来。这时小猴从这里经过，小白兔请小猴过来帮忙。小猴跟小白兔一起使劲拔，可大萝卜还是纹丝不动。

小猴看见小白兔着急的样子，说："别着急，我刚刚过来的时候，碰见小猪在附近的草丛中睡懒觉。看小猪长得胖乎乎的，力气肯定比我们大，我去把它叫过来帮忙。"

小猴跑到草丛中叫醒小猪一起来帮忙，可是小猪也拔不动。小猴正想让小猪再使点儿劲，突然听见呼呼的鼾声，一回头，发现小猪又睡着了。

这可怎么办呢？他们看着露出一圈红皮的大萝卜直发愁。身材魁梧的小熊走过来了，小熊得知他们是在为一根萝卜发愁，不禁笑起来："一根小萝卜算什么？看我的！"

小熊将小兔、小猴和小猪都赶到一边去，搓了搓手掌，想自己拔出萝卜，炫耀一下。结果，它手一滑，摔倒在地上，萝卜还是没有动弹。小猴赶紧过去把它扶起来。

小猴说："这样不行，我们得一个拽一个，使劲儿往外拔，才能拔出来。"于是它们就站成一列，小熊打头阵，后面是小白兔，小白兔身后是小猴，小猴身后是小猪。正要开始时，听见一个尖细的声音说："也算我一个！"大家到处找也没见到谁在说话，最后在地上发现了一只小小的蚯蚓。

"一只小蚯蚓，你能干什么？"小熊很是瞧不起。

"哼，别小瞧我，我能帮你们松土，让大萝卜更顺利地被拔出来。"

大家一听，挺有道理！于是让蚯蚓在地里松土，它们再使劲儿往外拔。经过大家的努力，大萝卜终于被拔出来了！

第38周

营养胎教：补充维生素K，预防产后大出血

胎宝宝心声

妈妈，我出生的日子越来越近了，我愿意和您一起做好准备，平平安安地降生。

维生素K是一种凝固血液的脂溶性维生素，因其在人体中起抗凝剂作用，能促使肝脏制造凝血酶原，所以又叫“凝血维生素”或“抗出血维生素”。孕妈妈在孕期补充适量的维生素K，可以预防产后大出血和新生儿出血症。

维生素K的食物来源

富含维生素K的粮食作物和蔬菜的品种较多，植物性食物主要有菜花、南瓜、西蓝花、芹菜、香菜、小麦、玉米、燕麦、土豆、青豆、豇豆等，补充维生素K的最佳途径就是食用菜花。另外，菜花可使毛细血管壁加厚、韧性增强，而使毛细血管不容易破裂。水果中以苹果、葡萄的维生素K含量较高。富含维生素K的动物性食物则较少，主要有动物肝脏等。

肉片炒菜花

材料 菜花300克，猪肉100克。

调料 葱花、姜末、蒜末各5克，盐2克，酱油适量，淀粉、香油各少许。

做法

1. 菜花洗净，切成小朵，焯烫一下；猪肉洗净，切片，放入酱油、淀粉腌制10分钟。
2. 锅置火上，倒油烧热，下姜末、蒜末爆香，放入肉片煸炒至变色。
3. 放入菜花翻炒，加盐调味，待菜花熟软时，加香油、撒葱花即可。

运动胎教：扭腰运动

孕晚期，孕妈妈腰背部的压力越来越大，需要一个强有力的腰背支撑，所以腰背部的锻炼在这时候必不可少。这套扭腰运动可以锻炼腰腹、大腿等部位肌肉的张力，增强腰力支撑力。

1 孕妈妈平躺在床上或瑜伽垫上，双臂自然放在身体两侧，小腿抬起，小腿、大腿和上半身形成阶梯形。

2 双臂张开呈180度不动，以腰部为基点，使小腿慢慢向右侧压去，注意不要让腿部着地，保持2～3秒，然后慢慢回复到原位。

3 小腿慢慢向左侧压去，保持2～3秒，然后慢慢回复到原位。两侧动作交替重复5～10次。

阅读胎教：《龟兔赛跑》

孕妈妈说

宝贝，今天来讲龟兔赛跑的故事。乌龟总是慢吞吞的，兔子一直都是快跑高手，它俩比赛到底谁输谁赢？

兔子长了四条腿，一蹦一跳，跑得可快了。乌龟也长了四条腿，爬呀，爬呀，爬得真慢。

有一天，兔子碰见乌龟，笑眯眯地说："乌龟，乌龟，咱们赛跑好吗？"乌龟知道兔子在开它玩笑，瞪着一双小眼睛，不理也不睬。兔子知道乌龟不敢跟它赛跑，乐得摆着耳朵直蹦跳，还编了一支山歌笑话乌龟：

乌龟，乌龟，爬——爬，一早出门采——花；乌龟，乌龟，走——走，傍晚还在门——口。

乌龟听了非常生气，说："兔子，兔子，你别神气活现的，咱们就来赛跑。"

"什么，什么？乌龟，你说什么？"

"咱们就来赛跑。"

兔子一听，差点笑破了肚皮："乌龟，你真敢跟我赛跑？那好，咱们就从这儿起跑，看谁先跑到山脚的那棵大树下。预备！一，二，三，跑——"兔子撒开腿就跑，跑得真快，一会儿就跑了很远。

他回头一看，乌龟才爬了一小段路，心想：乌龟敢跟我赛跑，真是天大的笑话！我呀，在这儿睡上一大觉，让它爬到这儿，不，让乌龟爬到前面去吧，我三蹦两跳地就追上了。

"啦啦啦，啦啦啦，胜利准是我的！"兔子把身子往地上一歪，合上眼皮真的睡着了。

再说乌龟，爬得可真慢，可是它一个劲儿地爬，爬呀，爬呀，等它爬到兔子旁边，兔子还在睡觉，乌龟其实已经累坏了，也想休息一会儿，可它知道兔子跑得比较快，只有坚持爬下去才有可能赢。于是，乌龟不停地爬呀，爬呀……离大树越来越近了，只差几十步了，十几步了，几步了……终于到了。

兔子呢？还在睡觉呢！兔子醒来后往后面一看，咦，乌龟怎么不见了？再往前一看，不得了了！乌龟已经爬到大树底下了。兔子一看可急了，急忙赶上去，可已经晚了，乌龟胜利了。

手工胎教：黏土制作小苹果

孕妈妈说

宝贝，又到动手时间了，多做手工能锻炼想象力，还能锻炼超强的动手能力。今天我给你捏一个红苹果吧。

黏土制作小苹果的步骤

1. 取红色黏土揉成大小适中的球形。

2. 用手指在球形的顶部轻轻压一下，出现一个微微凹陷处。

3. 分别捏四个大小不同的白色圆球和两个黑色圆球，压扁，组合后当眼睛。再搓黑色的短条做眉毛和睫毛。

4. 用工具刀压出嘴巴的形状。

5. 搓一个粉红色椭圆做舌头，黏到嘴巴上。

6. 捏一个红色球形做鼻子，搓两个粉红色的圆球，压扁，黏在两侧便是“脸颊”。

7. 搓一个咖啡色的苹果柄，再搓绿色的椭圆压扁，用工具刀做成叶子。搓两个粉红色的圆球，黏在一起，用工具刀压出纹理，搓黄色的圆球黏在中间做蝴蝶结。

8. 将做好的苹果柄、叶子、蝴蝶结组合到苹果上。小苹果做好了。

音乐胎教：《梦幻曲》

现在来听一曲《梦幻曲》吧，优美的音符响起，希望对孕妈妈轻松入睡有帮助。

什么时间听

晚上睡觉前开启这首《梦幻曲》，短短四小节的旋律能够让疲惫了一整天的孕妈妈心情舒缓、精神放松，安然入梦。

怎么听

《梦幻曲》描述的是一个关于天国、天使的童话般的梦，一个如诗如画的幻想。据说作者是在写热恋中的恋人时的情景，但这又何尝不是作者自己的梦幻世界呢？娴熟的浪漫主义手法，把我们带进了如此温柔优美的梦幻境界。只有感情充沛，想象力极强的人才能创作出这样的曲子。这首曲子主题简洁，具有动人的抒情风格和绚丽的幻想色彩，旋律几经跌宕起伏，婉转流连，使人不觉中被引入轻盈缥缈的梦幻世界。

关于这首曲子

这首曲子的作者是德国一位具有浪漫气质的天才作曲家——罗伯特·舒曼。他很年轻时就显露出音乐、诗歌、戏剧等多方面的才华。舒曼生平创作了很多浪漫的音乐作品，创作灵感大多来自他和妻子克拉拉的情感经历。舒缓悠扬的旋律常常令人心醉。《梦幻曲》是舒曼著名的组曲《童年情景》中的一首，按组曲内容来说是描写儿童生活的。但这部作品不只是为儿童所写，也是为成人所作，表现成年人对童年时光的回忆。

准爸爸胎教：和妻子一起准备待产包，迎接宝贝到来

待产包是孕妈妈为生产住院而准备的各类物品的总称，包括妈妈用品、宝宝用品、入院的重要物品。准备待产包并非多多益善，而是要合理规划，避免浪费。这里介绍一下北京协和医院妇产科医护人员多年来经验总结推荐的实用待产包。

入院时需要携带的物品

①门诊卡（有的医院是需要的，如北京协和医院）。②围产卡或病历、历次产检报告单（有的医院要求存放在医院统一保管）。③夫妻身份证复印件。④现金500元，以备有急用。⑤银联卡一张，里面至少要有5000元钱，住院需要押金。⑥纸、笔、带秒表的计时工具，用来记录宫缩时间、强度。⑦母婴手册。

宝宝需要的物品

①润肤油。②柔湿巾（80-100片）。③护臀霜。④小毛巾（2～3条）。⑤纸尿裤（30～40片）。⑥宝宝服，小帽子，一米左右棉布包，毛巾被（夏天），棉被（冬天），这些宝宝出院时会用到。

注：孕妈妈可以提前打听下医院是否统一购买宝宝物品，如需统一购买，则不用准备。

新妈妈需要的物品

①洗漱用品，梳子，餐具，水杯，吸管（弯头）。②一次性便盆。③2包夜用加长卫生巾。④3卷卫生纸。⑤换洗的内衣内裤。⑥防滑拖鞋。⑦少量食品，适量洗净水果，小包装巧克力若干。⑧根据季节带好适合衣服。⑨吸奶器。

注：孕妈妈入院前应剪短指甲，避免指甲过长划伤宝宝。住院期间不能带奶瓶及奶粉，提倡纯母乳喂养。

第 39 周

营养胎教：补充B族维生素

胎宝宝心声

妈妈，现在我进入了生长冲刺期，需要储备足够的营养，健健康康地降生在您面前。

孕 10 月，在保证胎宝宝生长发育的同时又不能让胎宝宝长得太大，以免出生时太大影响分娩的顺利进行。孕妈妈还要储备胎宝宝出生所需的营养以及自身分娩时消耗的热量，因此这个阶段均衡饮食最重要。孕妈妈可以少食多餐，增加每天进餐的次数，增加食物的种类，这样既能保证营养需求，又能避免摄入过量。

补充水溶性维生素，促进食欲和肠道蠕动

接近生产，需要补充足够的 B 维生素，比如维生素 B_1、维生素 B_2 等，有助于提高产后的乳汁质量。对于即将生产的孕妈妈来说，维生素 B_1 尤为重要，可以帮助维持良好的食欲，促进肠道蠕动，还能增加分娩力量，避免产程延长。瘦肉、牛奶、花生等富含维生素 B_1。

菠菜瘦肉粥

材料 大米 100 克，猪瘦肉 30 克，菠菜 40 克。

调料 盐 2 克。

做法

1. 大米洗净，用水浸泡 30 分钟；菠菜洗净，焯水后切段；猪瘦肉洗净，切小丁，焯水，捞出。
2. 锅内加适量清水烧开，加入大米，大火煮开后转小火。
3. 煮 20 分钟，放入肉丁，继续煮 10 分钟，加入盐、菠菜段搅匀，煮开即可。

运动胎教：幸福拉手操

孕晚期，准爸爸陪同孕妈妈做一做双人瑜伽，帮助孕妈妈增加肺活量，改善胸闷气短的情况，让胎宝宝更舒适。还能让孕妈妈感到轻松和愉快，缓解分娩恐惧症，胎宝宝也会更加幸福。

1 准爸爸和孕妈妈，背靠背，盘腿坐在垫子上，双手相握举过头顶。

2 准爸爸拉着孕妈妈的手向自己这一方移动，直至孕妈妈的背部完全靠在准爸爸的背上。

3 准爸爸带动孕妈妈的双手向下压，直至孕妈妈的双臂展成一条直线，保持姿势 2 ~ 3 秒，做一次深呼吸。

4 准爸爸继续慢慢向下压，直至双手放在垫子上，这时孕妈妈完全放松地靠在准爸爸的背上。重复上述动作 5 ~ 10 次即可。

阅读胎教：《鞋子的舞会》

准爸爸说

宝贝，今天爸爸给你和妈妈讲故事。这个故事写的是鞋子的舞会。啊？鞋子会跳舞？快来看看怎么回事吧！

夜里静悄悄的，主人早就睡着了，可鞋子们都还精神着呢。床跟前的大黑皮鞋叹一口气说："唉，无聊透顶。"高跟鞋快活地说："你真这么无聊吗？要不我们一起跳舞吧。"说着，她弯下腰，对大黑皮鞋做了一个邀请的姿势。

高跟鞋旋转着鞋尖跳芭蕾，泡沫拖鞋在跳踢踏舞，平跟鞋在扭秧歌，大黑皮鞋跳起欢快的迪斯科，旅游鞋正在走太空步……

"啪嗒"一声，一双红色的绒面拖鞋从床跟角落里挤出来。它身上有一个大伤口——鞋帮同鞋底分家了，跳不成舞，很伤心。桌上摆着针线盒，一枚大针本来是静静地看热闹的，这时对红拖鞋说："别伤心，我一定把你的伤口给缝好。"

它拽着一根长长的丝线跳下来，一头钻进了鞋帮，再拱进鞋底里。"哎呀！"鞋底太硬了，它的脑袋被夹住了，既进不去，也出不来，泪水在眼眶里直打转。"锥子哥哥，赶紧帮帮我啊！"大针疼得直叫唤。锥子急忙跳下来："啊，大针，你别害怕，我来了。"有了锥子哥哥的帮忙，红绒布拖鞋裂开的大口子一点点变小，最后没了。

"啊，实在太谢谢你们了！"红绒布拖鞋特别激动，红着脸邀请大针和锥子一起跳舞。红地毯上，红拖鞋和各式各样的鞋子同大针和锥子跳起了欢快的舞蹈。

哎呀，天亮了。大家吓坏了，赶紧蹑手蹑脚地跑回之前待的地方，连大气都不敢喘。可是红拖鞋不想回那个黑乎乎的角落了，就待在床前一动不动。

等到早上女主人起床后，看见床前摆着红拖鞋，大吃一惊，说："哎呀，我记得这鞋子早就破了，现在怎么是好好的呢？"听到这样的话，大针、锥子和所有的鞋子都吃吃笑起来，因为害怕被主人听见，他们都捂上了嘴巴。

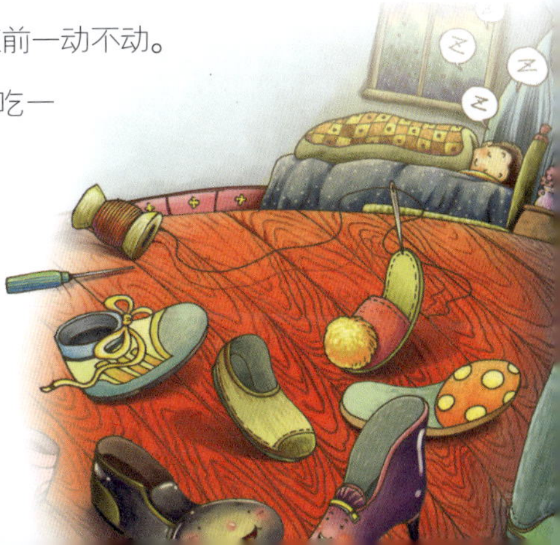

第 40 周

营养胎教：顺产前的饮食

少食多餐

一般从规律性宫缩开始，初产妇需10～12 小时、经产妇需 6～8 小时才能完成分娩。这期间会消耗大量的体能，孕妈妈需要持续不断地补充热量才能有足够的体力应对。这时可以少食多餐，一天安排 4～5 餐，勤吃，但不要吃得过饱，否则容易引起腹胀、消化不良，影响分娩。

分娩过程中要补充能提高产力的食物

分娩是非常消耗体力的，但是产妇肠胃分泌消化液的能力降低，蠕动功能减弱，要选择清淡、容易消化、高糖分或高淀粉的饮食为好，比如烂面条、牛奶、蛋糕、面包等都可以。不要吃不易消化的高脂肪、高蛋白食物。分娩时，建议孕妈妈吃巧克力。

如果实在吃不下要告诉医生

个别孕妈妈在分娩时会非常没食欲，什么也吃不下，这种情况一定要告诉医生。医生会根据孕妈妈的情况补充葡萄糖、生理盐水等，以补充营养，提供热量。如果不及时补充热量，产妇就会体力不足，导致分娩困难，延长分娩时间，甚至出现难产。

宫缩间隙吃点巧克力

巧克力虽然不适合孕期吃，但生的时候吃巧克力还是能帮忙的。巧克力富含碳水化合物，每 100 克巧克力含碳水化合物 55～66 克，能够迅速被人体吸收利用，增加体能。

营养胎教：剖宫产前的饮食

手术前 12 小时禁食

一般情况下，剖宫产手术前 12 小时内孕妈妈不要再进食了。进食的话，一方面容易引起产妇肠道充盈及胀气，影响整个手术的进程，还有可能会误伤肠道；另一方面，产妇剖宫产后，失血比自然分娩要多，身体很虚弱，发生感染的机会就更大。有些产妇还会因为术前进食出现肠道胀气等不适感，延长排气时间，对产后身体恢复不利。

剖宫产前不宜滥服滋补品

很多人认为剖宫产出血较多，在进行剖宫产手术前吃西洋参、人参等补品可增强体力。其实这非常不科学，参类补品中含有人参皂苷，有强心、兴奋的作用，服用后会使孕妈妈大脑兴奋，影响手术的顺利进行。此外，服用参类补品后，容易使伤口渗血时间延长，对伤口的恢复也不利。

手术前 6 小时不宜喝水

手术前 6 小时不宜喝水，因为手术前需要麻醉，麻醉药对消化系统有影响，可能会引起孕妈妈恶心、呕吐。禁水可以减少这些反应，避免呕吐物进入气管引发危险。

禁食前的饮食宜清淡

手术前的饮食以清淡为宜，辣椒、姜、蒜等辛辣刺激性食物会增加伤口分泌物，影响伤口愈合，而肥腻食物同样不利于术后的恢复。因此，手术前孕妈妈适宜吃清淡的粥、小菜、蔬菜面等。

少吃易产气的食物

剖宫产的孕妈妈尽量少吃产气的食物，如黄豆、豆浆、红薯等，因为这些食物会在肠道内发酵，产生大量气体导致腹胀，不利于手术的进行。建议吃粥、蔬菜面等，但也不能多吃。

运动胎教：挽臂背背坐

临近生产，准爸爸配合孕妈妈做这套双人运动，可以帮助孕妈妈放松腰背部肌肉，改善腰背不适，打开骨盆，有助顺产。

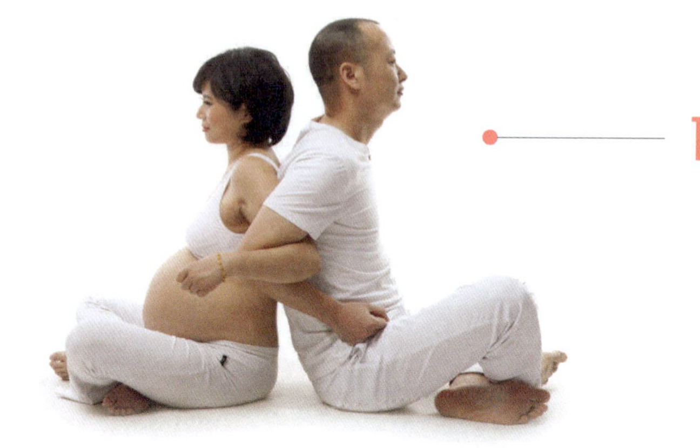

1 准爸爸和孕妈妈，背靠背，盘腿坐在垫子上，双臂肘部相互交叉挽在一起。

2 准爸爸上身和头部前倾，孕妈妈头部和上半身随着准爸爸的动作后仰，可完全放松靠在准爸爸背上。

3 动作互换，孕妈妈身体前倾，准爸爸身体后仰，不建议准爸爸完全放松靠在孕妈妈背上。交替进行5～10次。

阅读胎教：《小兔运南瓜》

准爸爸说

宝贝，今天的故事主角是小兔，它来到南瓜地里收南瓜，可是南瓜太大了，它搬不动，最后它想到了什么好主意呢？

秋天的早上，小兔还在睡梦中，南瓜闹钟就“当当当……”响起来。小兔一个后滚翻从床上弹起来。

哈哈，今天是小兔独自去收南瓜的日子，它才不睡懒觉呢！

唰唰唰，刷完牙。唰唰唰，吃完饭。唰唰唰，穿上鞋子，小兔出发啦。

它来到南瓜地，嗬，今年的南瓜个真大！“金黄金黄的，像……像个什么呢？像大象的椅子！”小兔在听兔妈妈讲故事时知道大象是个很大很大的动物，那它的椅子一定也好大好大。“哈哈，我真聪明！”小兔觉得故事没白听，开心极了，呲着兔子牙，开始欢欢喜喜地抱南瓜。

左边抱一下，咚，摔了一个屁股蹲儿。

右边抱一下，嘭，摔了一个四脚朝天。

小兔有点着急了，围着南瓜走了几圈，一手摸着后脑勺，发愁了：“怎么才能把这个大南瓜搬回家呢？”

“哈哈哈，有啦！咱也让南瓜来玩前滚翻吧。”小兔自信地拍拍大南瓜，像在给南瓜加油。

开始滚南瓜喽！小兔把手放在南瓜两边，再把南瓜竖起来，把它推回了家，放在了家门口。

小兔敲敲门，“咚咚咚”，兔妈妈开门一看，家门口放着一个又大又黄的南瓜，再瞧瞧，没用车运？！兔妈妈好奇地问：“你是怎么把南瓜运回家的呢？”小兔告诉了妈妈事情的来龙去脉。兔妈妈伸出大拇指，夸小兔是个有创造力的好宝宝！

音乐胎教：《糖果仙女舞曲》

今天我们来欣赏一段充满动感的旋律。在奇妙的糖果王国，美丽的糖果仙女正跳起舞蹈欢迎孕妈妈和胎宝宝的到来呢。

什么时候听

在感觉到宝宝在肚子里动时放这首音乐来听，欢快的感觉会感染到妈妈和宝宝。

怎么听

休息时能感觉到宝宝在肚子中活动，就放这首音乐来听，欢快的感觉会感染到孕妈妈和胎宝宝的情绪。想象自己是糖果仙女，在快乐的糖果王国中，与王子和小姑娘一起舞蹈、欢笑。

关于这首曲子

《糖果仙女舞曲》是柴可夫斯基的作品。当时他是用刚刚发明的钢片琴来演奏的，音调既甜蜜腻人，又清脆透明——这是糖果仙女的写照，使人很自然联想到糖果王国中像小玻璃碎片那样晶莹夺目和五彩缤纷的糖果颜色。

分娩前，一定会遇到的产前疑问

个子矮就不能顺产？

影响自然分娩的因素有胎儿大小、胎位正不正、孕妈妈骨盆、会阴条件、分娩用力情况等。有些孕妈妈觉得自己个子矮，就想当然认为骨盆一定小，不能顺产。其实，一个人身材的高矮与骨盆的大小不一定成正比，而且胎儿能否顺利娩出还与骨盆的形态有关。

有些身高超过 1.70 米的女性，盆腔是漏斗状，骨质厚，内径小而深，胎儿不易通过。而许多身高不足 1.60 米的女性，臀部宽，盆腔呈桶状，宽而浅，骨质薄，内径大，胎儿很容易通过。所以个子矮的孕妈妈不一定不能顺产。通常情况下，个子矮小的孕妈妈，只要坚持运动、保证健康均衡的饮食、合理控制孕期体重，顺产也不会太难。

顺产真的会影响以后的夫妻生活？

有相当一部分孕妈妈为了产后性生活的质量而将剖宫产作为首选的分娩方式。

其实，孕妈妈可以在分娩前做好会阴训练和会阴按摩，可以加快骨盆底肌群的恢复，并避免产后尿失禁与子宫脱垂。产前和产后若能坚持进行凯格尔运动（也称骨盆运动，常被用来降低尿失禁等问题），不但可以促进产后会阴恢复，而且会提高性生活的质量。

凯格尔运动按照以下方式训练即可。

（1）吸气收紧阴道周围的肌肉，就像努力憋尿一样。

（2）保持收紧状态，从 1 数到 4，然后呼气放松，如此重复 10 次，每天坚持做 3 次。

个子高的人更容易顺产？

确实，多数人的身高与骨盆大小成正比。理论上，骨盆大的人比较容易顺产，但影响自然分娩的因素太多了，孕妈妈骨盆条件不是唯一因素。所以，这个说法是不准确的，个子高的孕妈妈不一定比个子矮的更容易顺产。

臀围大的孕妈妈就可以顺利生娃？

女性的臀围比较大并不代表骨盆也大，有的女性是臀部脂肪多，并非骨盆大。即使孕妈妈臀围大，如果胎儿体重过大，孕妈妈体重过大，孕妈妈腹部肌肉力量不足，分娩的过程也未必顺利。

孕妈妈骨盆偏小，一定要剖宫产吗？

孕妈妈在产检时，医生会建议用超声波、内检来检测骨盆与胎儿头围大小，并判断胎儿是否能顺利从产道娩出。如果孕妈妈的骨盆与胎儿头围大小相差很多，通常会被建议行剖宫产，以免胎儿卡在产道内。但是，胎儿的头骨不像成人头骨紧密地连在一起，其前额和后脑处的头骨并未接合，所以会形成两处松软的地方，即囟门。囟门给予宝宝头颅重塑的空间，保证其身体最大的部分——头部可以受压变形以顺利通过妈妈的产道。所以，骨盆比较小的孕妈妈可以先尝试自然分娩，实在不行再选择剖宫产。

顺产时，不是撕裂就是被侧切？

不一定，也有的孕妈妈无侧切、无撕裂，很快娩出宝宝。孕妈妈孕期开始就要控制体重、锻炼盆底肌肉，可让分娩进行得更顺利。

我应该选择无痛分娩吗？

如果无痛分娩操作规范、麻醉药物剂量准确，对母婴的身体是不会造成不良影响的。但有些孕妈妈采取椎管内阻滞阵痛时，会出现头痛、恶心、呕吐、低血压等不适症状，严重的甚至威胁生命安全。但这种情况发生的可能性非常低，所以孕妈妈也不必过于担心。

脐带绕颈不能顺产？

脐带绕颈不是病，发生率在 20% ～ 25%，如果脐带绕颈松弛，对脐带血循环未造成不良影响，就不会给胎儿带来危害。在产程过程中，胎头下降，会使脐带绕颈过紧，脐血管受压，可使胎儿颈动脉受压。胎心监护会有所体现，可以间接反映宝宝是否缺氧，能否耐受分娩。有的胎儿脐带绕颈 2 周或 3 周，但是出生后很健康，这样的情况也是存在的。胎儿脐带绕颈，使得很多孕妈妈惶恐不安，其实脐带绕颈就像我们脖子上围了一条松松的围巾一样，只是套在那里，一般情况下不会对胎儿造成损伤。所以，遇到脐带绕颈这种情况，做好胎心监护，听医生安排就行，不用过于担心。

如果早期破水了，该怎么做？

怀孕 37 周之后，如果还没进入规则阵痛阶段，羊膜却已经自然破裂了，导致羊水流出，就要赶快去医院。这时，距离子宫颈张开还有一段时间，并不影响生产。医生会根据具体情况给予催产药，如普贝生等。

破水发生在孕 37 周以前呢？也一定要马上去医院。这时，胎儿尚未发育成熟，必须视当时的周数做出最妥善的处理。安胎是最常见的处理，尽量让胎儿待在子宫内。由于破水后，很容易并发感染，所以除了安胎药还必须加上抗生素、类固醇等。破水去医院过程中尽量保持平躺，脚抬高，不要让羊水过多流出。

经过十个月的漫漫孕期，终于要跟可爱的小天使见面了。在这十个月当中，孕妈妈是否已经将宝宝的模样想了千百遍，那宝宝到底长什么样？孕妈妈一定迫不及待地想要看看是不是和自己想象的一样。在令人激动、紧张的时刻到来时，孕妈妈一定要用心记录下这一刻哦。将自己对宝宝的期待和祝福一起写下来，等将来宝宝长大成人的时候，可以将这一页有纪念意义的礼物送给他。这大概会是最有纪念价值的礼物吧？

姓名

出生时间

身长

体重

属相

星座

吃第一口奶的时间